Max Milian

Trotz allem – jetzt erst recht!

Gedanken, Fragen, Denkanstöße, Gebete

© 2021 Max Milian

Umschlag, Illustration: pixabay

Verlag & Druck: tredition GmbH, Halenreie 40-44, 22359 Hamburg

ISBN

Paperback   978-3-347-25770-2

Hardcover   978-3-347-25771-9

e-Book   978-3-347-25772-6

Ein Wort zuvor ...

Sie ist noch taufrisch, die Erfahrung, dass plötzlich alles nicht mehr so ist wie es war, weil ein Virus die Regentschaft über unser persönliches wie über unser gesellschaftliches Leben übernommen hat.

Doch diese Erfahrung ist uns gar nicht so fremd, denn unser Leben spricht zuweilen eine Sprache, die weh tut und Ängste gebiert, weil unerwartete Geschehnisse unser Leben unverstehbar durchkreuzen.

Da bin ich dann gezwungen innezuhalten, meinen Standort neu zu bestimmen und ich muss neu justieren, was mich hält, was mich atmen lässt und was mir Kraft zum Weitergehen gibt.

Die Texte in diesem Buch spiegeln die vielfältigen Geschehnisse unseres Lebens wie auch dieses Innehalten und Neujustieren.

Da finden sich Hader mit dem Schicksal, Hilflosigkeit und Niedergeschlagenheit ebenso wie die Hoffnung auf ein Gehaltensein.

Für viele Menschen geschieht solches Innehalten auch im Gebet. Wohl deswegen bezeichnet John Henry Newman das Beten als Atemholen der Seele.

Möge die vorliegende Textsammlung in vielerlei Weise Hilfe sein, eben auch beim Atemholen der Seele.

Der Verfasser

Inhaltsverzeichnis

Es müsste doch!   75-105

Wenigstens ein bisschen Himmel!   107-124

Nicht Abbruch sondern Aufbruch! 125-146

Ausgetrocknet

Warum nur
muss ich diese ausgetrocknete Wüste durchqueren?
Da ist kein Ausweg,
der mich davor bewahren könnte.
Warum nur
sind von den vielen Rosen, die einmal für mich blühten,
nur noch gefährlich verletzende Dornen übrig?

Da ist nur noch
diffus gleißendes Wüstenlicht,
nichts lässt sich da erkennen,
schon gar nicht ein Lichtstreifen
am fernen Lebenshorizont.

Da bin ich,
leer, ausgetrocknet und restlos am Ende –
sinnloser kann es nicht werden.

Lebensschule

Kurzerhand gerade war mein Weg geplant.
Die Wirklichkeit gab ihm die Kurven.
Ich lernte sie zu gehen!
Hinauf – hinab – auch das war mir Lehr`.
Doch was die Seele niederschmettert
sind jene dicken Brocken,
die liebe Menschen liebend in den Weg gelegt.

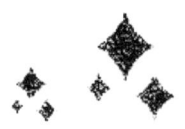

Lebensschiff

Stolz zerschneidet es die Fluten
und bricht sich seine Bahn.
Selbst mächt'ge Wellenberge
hindern es nicht dran.
Doch die Wellen im Gefolge,
die von der Spur des Weges künden,
vermögen nur für kurze Zeit
Vergänglichkeit zu binden.
Denn kaum, dass sie verlaufen
und der Dunst das Schiff verschlingt,
ist auch das Letze schon begraben,
das noch daran erinnern könnt.
Der Augenblick wiegt sich in Wichtigkeit
und atmet doch Vergänglichkeit!
Es darf nicht sein!

Rüttle mich auf!

Mach mich unruhig, Herr,
rüttle mich auf!
Lass mich nicht zufrieden sein mit dem, was ist,
lass mich nicht aufhören
nach dem Besseren zu suchen
für mich und für die, die zu mir gehören.

Mach mich unruhig, Herr,
wenn ich all der Dinge wegen,
die mich täglich in Beschlag nehmen,
keinen Durst mehr habe
nach den Wassern des Lebens
und wenn ich aufgehört habe
zu hoffen und zu träumen von dem,
was Du uns schon für diese Erdenzeit verheißen hast.

Rüttle mich auf, Herr,
dass ich wieder mutiger werde
und auch das Unmögliche versuche.
Lass mich gerade auch in den dunklen Stunden
meines Lebens Deiner helfenden Nähe trauen,
damit ich auch bei schwindender Sicht
Dein Licht erkennen kann.

Ja Herr, rüttle mich auf!

Verstrickt

Verstrickt in ach so viele Notwendigkeiten
und in angeblich ach so wichtige Verpflichtungen,
erkenne ich oft nicht mehr
einen roten Faden in meinem Leben.

Gelähmt durch Sorgen und Nöte,
durch Lasten und Ängste,
suche ich oft vergebens
mich festzuklammern an meinem roten Faden.

Verwirrt von ungezählten Antworten,
verführt von oberflächlichen Botschaften
zweifle ich und erkenne nicht mehr
wie ich mich verstricke in ein Netz von Ausweglosigkeiten.

Hin und her gerissen
von so vielen ungelebten Wünschen,
geknebelt von so vielen zerplatzen Träumen
klammere ich mich hilflos rotierend
an jedes Fädchen Glück.

Wäre es nicht an der Zeit,
den alten Faden loszulassen
und all die Verstrickungen durchzutrennen,
die meinem Leben keinen Sinn mehr geben?

Was wird am Ende zählen?

Manchmal rennt die Zeit davon
mit der Geschwindigkeit im Überschall.

Manchmal frag' ich mich:
Was bleibt, wenn ich gehen muss?
Wird, was ich zurücklasse,
die zerrinnende Zeit überdauern,
hat es Bestand?

Ich weiß die Antwort nicht!

Und dann,
wenn die Zweifel kommen,
an mir selbst
und am Leben,
frage ich Gott:
Wird das, was ich lebe, zählen?

Und Er spricht
anders als ich denke:
Frage nicht was zählt.
Denn sieh' auf eines kommt es an:
DU zählst für mich!

Gerücht

In der Kette der Flüsternden
wurde es lauter.

Die Finger der vorgehaltenen Hände
spreizten die Vermutung zur Ahnung,
das Unmögliche zu Möglichem,
Glaube zu Wissen – ohne Gewissen.

Und das Gerücht galoppierte
und fand viele Interessierte
und noch mehr, die ja bloß meinten,
und jene, die ja schon immer wussten...
und unschuldige Seelen wurden zertrampelt.

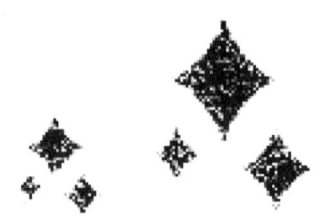

Gebrochen

Verleumdet
und dann pflichtlich reingewaschen
lähmt fortan Lethargie erneuten Schwung.

Gefoltert
und wieder ins Leben entlassen
versagt einst aufrechte Haltung ihren Dienst.

Gerichtet
ohne wirklich Schuld zu haben
zerbrach das letzte bisschen Würde.

Alleingelassen
in der Öde frömmelnder Sprüche
sind Ideale ernüchtert
und Wirklichkeit alsbald entträumt.

Gebrochen
solchermaßen in den Alltag zurückgeworfen
kann da noch Leben werden?

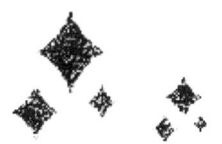

Steine

Steine sind ein passendes Sprachbild
für meine innere Landschaft.
Mir vor die Füsse geworfen,
versagen sie die Leichtigkeit des Lebens.
Wenn's mir doch nur gelänge,
sie unter meine Füsse zu nehmen,
und – von Sprung zu Sprung –
mich ins Leben zu wagen.

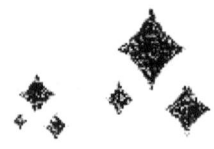

Hilf mir!

Hilf mir, Gott,
dass ich nicht auf der Strecke bleibe.
Hilf mir,
dass ich mich nicht vergrabe.
Hilf mir,
dass ich nicht vor mir selber fliehe.
Ich will meine Augen auf dich richten,
der du selbst im Unwegsamen
einen Weg zu zeigen vermagst.
Lass mich auf dich bauen,
stolpernd und unsicher,
und dir zutrauen,
dass du mich vorankommen lässt
auf meinem Weg.

Trost

Was vermag uns zu trösten
in den menschlichen Beziehungen
voller Fehler und Mühsal
außer Treue und gegenseitige Zuneigung
unter wirklich guten Freunden?

(Augustinus)

Ängstlich und feige

Ich bin ängstlich und oft auch feige geworden. Fast täglich versuche ich dies vor denen zu verbergen mit denen ich zusammenlebe. Es gelingt mir mehr schlecht als recht selbstsicher aufzutreten. Gott sei Dank sind die allermeisten meiner Mitmenschen so mit sich selbst beschäftigt, dass sie das nicht merken.

Ich halte mich aus vielem raus, umgehe jede eigene Stellungnahme und ich ducke mich weg, wenn Andere ihre Meinung vertreten.

Ich fühle mich mit all dem zwar nicht wohl, aber ich umgehe so die Gefahr, dass meine Worte missverstanden oder gar missdeutet werden. Denn das Lehrgeld, das ich hier und da für ein mutiges Vortreten schon zahlen musste, reicht mir für alle Zeiten!

Eingelullt im Kokon meines Selbstschutzes vertraue ich niemandem, manchmal sogar mir selber nicht.

Da bin ich jetzt

Ich lebe in der Spannung zwischen Selbstzweifel und Selbstbewusstsein und ich bleibe ein Leben lang auf der Suche nach dem, was mich ausmacht, auf der Suche nach meinem Weg, aber mehr noch auf der Suche nach meiner Identität.

Wenn mein Leben reden könnte, was würde es erzählen über meine bisherigen Wege, meine Hoffnungen und Wünsche, meine Ängste und Erfahrungen?

Ich wurde geboren, habe Eltern und eine Familie. Ich verbrachte meine Kindheit mit Gleichaltrigen. Ich ging zur Schule, fand Gleichgesinnte und Andersdenkende, fand sympathische und unsympathische Menschen. Ich entschied mich für einen Weg und irgendwie bin ich jetzt da, wo ich jetzt bin.

Ich habe Menschen, die mir wichtig sind, und Aufgaben ... und Pflichten ... und Termine ... und ... und ... aber –

wo ist mein Leben?
was ist mein Leben?
was ist denn: MEIN LEBEN?

Da bin ich jetzt an einem Donnerstag. Die Woche liegt fast hinter mir und das Wochenende ist greifbar nahe.

Da bin ich jetzt mitten im Oktober. Das Jahr liegt fast schon hinter mir und doch liegt vor mir noch eine ganze Menge von vermeintlich Wichtigem.

Da bin ich jetzt,
mitten im Zeitenstrom,
im Großen restlos unwichtig
und im Kleinen nur hie und da gezählt.

Und ich bin, – bin ich wirklich?

Wie Licht in der Welt

Wie kann ich leuchten
als Licht in dieser Welt?

Empfindlich
wie eine ungeschützte Kerzenflamme brenne ich,
jedem Luftzug ungeschützt ausgesetzt
und darum ängstlich bemüht
nicht zu verlöschen.

Wie kann ich leuchten
unter den Menschen?

Wo ich es schon schwer genug habe,
meinen eignen Weg
in diesen finsteren Zeiten zu finden.
Allein werde ich untergehn.

Aber, Gott,
wenn Du mich als ‚kleines Licht‘
an der Hand nimmst,
mich beschützt und behütest,
dann will ich meine ganze Kraft nehmen
und für Lichtblicke in dieser Welt sorgen:
den Blinden helfen
auf neue Weise zu sehen,
den in sich selbst Gefangenen
die Fesseln lösen
und denen, die keinen Hoffnungsschimmer mehr haben,
will ich wenigstens ein ‚kleines Licht‘ sein,
und ich will ihnen leuchten
so gut es geht und wie es in meinen Kräften steht.

(nach Hanns D. Hüsch/Uwe Seidel)

Geduld

Wenn die Heiligen Schriften von ‚Geduld' sprechen, dann meinen sie zumeist die Bereitschaft einer Sache treu zu bleiben, etwas durchzutragen, zu ertragen und es nicht abzuwerfen, auch wenn es auf die Schultern oder gar auf die Seele drückt.

Solche Geduld entsteht nicht etwa dadurch, dass man sich zusammennimmt, sich Fesseln anlegt, sich gar „am Riemen reißt", sondern sie entsteht dadurch, dass sie sich einem Größeren zugeordnet weiß, das den Atem zur Ausdauer und Beharrlichkeit schenkt.

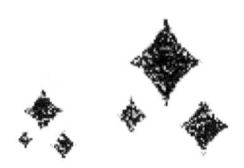

Ungeheure Botschaft

Es ist eine ungeheure Botschaft, dass Er zu füllen imstande ist, was wir nur halbvoll vor Ihn tragen, ja dass Er wandeln kann, wo wir zwar von guter Absicht geleitet, aber ohne erntbare Früchte letztlich vergebens geackert haben. Das lässt uns danken voller Zuversicht. Das lässt uns bitten ohne Anspruch und dennoch voller Insistenz, das lässt uns leben ohne dass wir jeden Sinn begriffen hätten.

Meine Selbstgerechtigkeit

So oft sind es bloß Kleinigkeiten.

Ich ärgere mich über eine Rechthaberei,
ich lasse mich stören durch eine Eitelkeit
und ich werde unwillig über eine Bequemlichkeit.

Dann bleibt mein Ärger stehen wie eine Wand
zwischen dem anderen und mir.

Ich spreche mein Urteil und ich lege ihn fest,
messerscharf und prinzipientreu,
und er ist gefangen in meinem Verdikt,
gerichtet durch meine Selbstgerechtigkeit.

Und jeder Tag, den ich vergehen lasse,
macht die Wand fester und höher, zementiert den Riss.

Oh, wenn ich doch meine Selbstgerechtigkeit überwinden
könnte und zu mehr Verständnis fähig wäre!

Mein Herz ist voller Risse und Löcher

Eines Tages kam ein völlig verzweifelter Mann zu Rabbi Eleazar und jammerte, er habe erkannt wie falsch er sein Leben gelebt hätte, wieviel er falsch gemacht und wie viele Gebote er nicht gehalten habe. Seine Schuld sei viel zu groß, als dass er mit Gottes Erbarmen rechnen könne.

Da sagte der Rabbi: Aber du weißt doch, die Barmherzigkeit Gottes ist unvorstellbar groß. Wir brauchen seine verzeihende Liebe nur anzunehmen.

Aber der Mann blieb untröstlich und sagte: Mein Herz ist wie ein Eimer voller Risse und Löcher. Schneller als Gott seine Vergebung hineingießt, geht sie wieder verloren.

Da sagte der Rabbi zu ihm: Vielleicht ist dein Herz wirklich wie ein Eimer voller Risse und Löcher. Aber wenn Du es hineinwirfst in das Meer der barmherzigen Liebe Gottes, dann ist es egal, wie viele Risse drinnen sind, denn Gottes barmherzige Liebe wird dein Herz umschließen von innen und von außen, von oben und von unten.

Blickwinkel

Drei Bauarbeiter waren dabei Steine zu behauen, als ein Fremder zu ihnen trat und den ersten Arbeiter fragte: „Was tun sie da?" „Sehen sie das denn nicht?", meinte der und sah nicht einmal auf. „Ich behaue Steine!" „Und was tun sie da?", fragte der Fremde den zweiten. Seufzend antwortet der: „Ich muss Geld verdienen, um für meine Familie Brot zu beschaffen. Meine Familie ist groß." Der Fremde fragte auch den dritten: „Was tun sie da?" Dieser blickte hinauf in die Höhe und antwortet leise und stolz: „Ich baue einen Dom!"

Verschaff' mir Recht!

Streite, Herr, gegen alle, die gegen mich streiten,
bekämpfe alle, die mich bekämpfen!

Ergreife doch Partei für mich;
Steh auf, um mir zu helfen!

Sage zu mir: „Ich bin Deine Hilfe."

In Schmach und Schande sollen alle fallen,
die mir schaden wollen.

Zurückweichen sollen sie und vor Scham erröten,
die auf mein Unglück sinnen.

Sie sollen werden wie Spreu vor dem Wind;
der Engel des Herrn stoße sie fort.

Denn sie haben mir ohne Grund ein Netz gelegt,
mir ohne Grund eine Grube gegraben.

Unvermutet ereile sie das Verderben;
sie sollen sich im eignen Netz verfangen
und in die eigne Grube fallen.

Da treten ruchlose Zeugen auf.
Man wirf mir Dinge vor, von denen ich nichts weiß.

Sie vergelten mir Gutes mit Bösem;
ich bin verlassen und einsam.

Herr, wie lange noch wirst Du das ansehn?

Über mich sollen die sich nicht freuen, die mich ohne
Grund befeinden.

Du hast es gesehen, Herr.
So schweig doch nicht!

Herr, bleib mir nicht fern! Wach auf,
tritt ein für mein Recht,

Verteidige mich, mein Gott und mein Herr!

Verschaff mir Recht nach Deiner Gerechtigkeit,
Herr, mein Gott!

(nach Psalm 35)

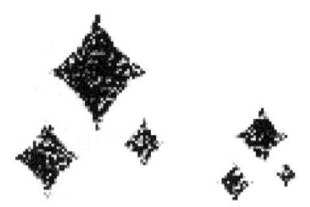

Misstrauisch

Gerade weil ich so sehr eingebunden bin
in tausenderlei Verpflichtungen
verdränge ich alles, was mich nicht unmittelbar betrifft.
Ich schaue weg, wo ich hinschauen müsste,
ich schweige, wo ich Stellung beziehen sollte.

So schwimme ich gedankenlos mit
im Strudel der alltäglichen Oberflächlichkeiten.
Und weil es unendlich viel Kraft kostet
gegen den Strom zu schwimmen,
habe ich mich abgefunden mit ungezählten Halbheiten.

Selbst da, wo es um Wesentliches geht,
mache ich großzügig Abstriche,
bleibe farblos, schwammig,
alles nur, um ja nicht festgenagelt zu werden!

Nicht dass ich mit all dem zufrieden wäre!
Aber es ist so Vieles,
was im Laufe der Jahre Wunden hinterlassen hat,
so Vieles, wo sich selbstloser Einsatz
ganz und gar nicht ausgezahlt hat.

Ich habe immer weniger Vertrauen,
ja, ich bin misstrauisch geworden
allem und jedem gegenüber.

Gott, gib mir doch Einsicht,
wenn ich dabei bin mir etwas vorzumachen,
gib mir Zähigkeit und Ausdauer,
wenn ich aufgeben will
und hilf mir meine Fähigkeiten,
meine Kräfte und Möglichkeiten richtig einzuschätzen.
Gib mir Klugheit sie richtig zu nutzen.
Lass du mich, Gott, spüren,
dass Du mir zugetan bist,
damit ich nicht auch Dir misstraue!

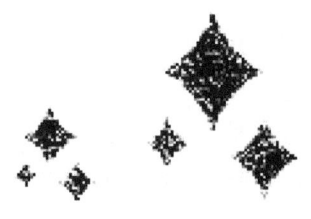

Auslachen

Wenn der andere Mensch über dich lacht,
kannst du ihn bedauern;
aber wenn du über ihn lachst,
solltest du dir niemals selbst vergeben.

Mutlos und ängstlich

Auch wenn ich wie Jesus bete,
Du, Gott, mögest diesen oder jenen Kelch
an mir vorübergehen lassen,
weiß ich doch, dass Du mir zumutest,
meinen Lebensweg selbst zu meistern.

Wie Jesus will ich vor Dir meine Ängste aussprechen,
weil ich weiß, dass ich mich vor Dir nicht verstecken muss,
auch wenn ich mutlos und ängstlich bin,
hilft es mir, dass ich unverstellt und ehrlich sein darf.

Natürlich weiß ich,
dass Du mir meine Kreuze nicht abnimmst,
aber ich bitte Dich, dass Du sie mit mir trägst.

Ich habe oft schon erfahren und spüren dürfen,
dass mit Deiner Hilfe tragbarer wird,
was mir an eigentlich Untragbarem aufgebürdet war.

Gib mir Kraft,
gib mir Stehvermögen und Ausdauer!

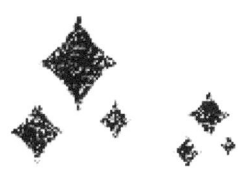

Scherben

Der Prophet Jeremia schreibt:

Geh hin und kaufe dir einen irdenen Topf beim Töpfer. Geh damit zu den Bewohnern von Jerusalem und sage ihnen: So hat der Herr gesprochen: Ich bringe Unheil in diese Stadt, dass jedem, der davon hören wird, die Ohren wehtun sollen. Denn sie haben mich verlassen und die Heilige Stätte fremden Götzen überlassen.

Darum mache ich diesen Ort zum Entsetzen und zum Spott für andere. Wer vorübergeht, wird bestürzt sein über all ihre seltsamen Leiden.

Dann sollst du den Krug vor den Augen der Männer in Scherben schlagen und sprechen: So spricht der Herr: So zerschlage ich dieses Volk und diesen Ort!

Ich zerbreche es, wie man einen Topf zerbricht, so dass sie niemand mehr zusammenfügt.

(Jer 19,1-11)

Gott,
ich stehe vor Dir mit dem,
was in meinem Leben zu Bruch gegangen ist:
Vorsätze und gute Absichten,
Lebensplanung und Entwürfe,
Freundschaften und Partnerschaften
und vieles andere mehr.
Ich will Dir die Scherben meines Lebens übergeben.
Wer, wenn nicht Du, kann Kraft geben,
um zu kitten, was zu kitten geht
und um zu tragen, was nicht mehr zu heilen ist.
Hilf mir ehrlich zu sein,
ehrlich vor mir selbst und ehrlich vor Dir,
weil Du um meine Scherben weißt.

Dass mein Leben mehr werde...

Herr, dass mein Leben mehr werde
als ein hektischer Ablauf von Stunden,
Tagen und Jahren –
danach sehne ich mich.

Herr, dass mein Leben mehr werde
als ein bloßes Erledigen von Pflichten,
dass Luft bleibe
für Pläne, Wünsche und Träume –
danach sehne ich mich.

Herr, dass mein Leben mehr werde
als eine festgelegte Abfolge von Handlungen und Taten,
von Rennen und Hetzen,
von Wachsein und Schlafen –
danach sehne ich mich.

Herr, dass mein Leben mehr werde
als ein verworrenes Knäuel
von Nebeneinander und Gegeneinander,
dass Raum bleibe für zweckfreies Miteinander –
danach sehne ich mich.

Herr, dass mein Leben mehr werde,
dass die Erfahrung von Sinn darinnen sei,
und Erfüllung bringe, was ich tue,
danach sehne ich mich –
und darauf hoffe ich!

Wir schablonieren alles und jeden

Es scheint, als könnten wir gar nicht denken und urteilen, ohne dass wir unsere Mitmenschen in Kategorien einteilen. Wir sprechen von Progressiven oder Linken, von Konservativen oder Rechten, von "guten" oder von "schlechten" Christen. Aber mit diesen Einordnungen legen wir uns Scheuklappen an, wir verengen unseren Blick und sehen den Anderen nur im vorurteilsgeleiteten längst festgelegten Muster.

Ähnlich gehen wir mit Gott um. Wir haben unser fertiges Bild von ihm: 'Gott ist so und nicht anders und er will dies und das'. Wenn dann aber die Erfahrung mit Gott eine ganz andere Sprache spricht, als dies nach unserer Denkschablone sein müsste, dann geraten wir ins Schleudern!

Weil wir dieser leidigen Schablonierung immer wieder verfallen, bleiben wir die offene und immer Neues entdeckende Liebe Gott und unseren Mitmenschen gegenüber zuallermeist schuldig.

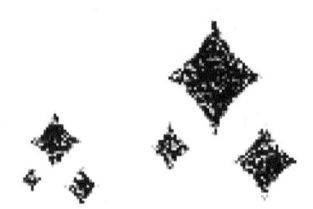

Ich habe es satt

Ich habe es satt
den Hals zu verdrehen,
Herr,
und jedem Trugbild nach zu gaffen.

Ich drehe mich nicht mehr um.
Geradeaus sehe ich und schweige.

Ich gönne meinem Nacken Ruhe.

Denn mein Nacken ist müde,
müde vom ewigen Drehen und Wenden.

Mach mich zu einem Menschen,
der geradeaus geht,
dass ich nur auf Deinen Weg schaue,
den Weg, den Du zeigst.

Meine Ohren sind müde
vom Lärm der Züge und Autos,
müde vom Nachhall der Worte,
vom Kopfweh kommender Tage,
sehr, sehr müde und beinahe ertötet
vom klingenden, betäubenden Lärm.

Ich habe es satt gereizt zu werden,
gereizt von den vielen Dingen draußen
und von der Sehnsucht drinnen.

Herr,
reize Du mich,
dass Deine große Liebe mich treibt
und ich in Ewigkeit fröhlich bin.

Die auf ihn sehen, werden erquickt
und strahlen vor Freude! (Psalm 34,6)

(John Mbiti)

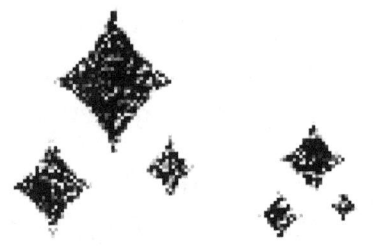

Restlos am Ende!

Wenn es geschieht,
dass jede Hoffnung stirbt,
dann tut sich ein bodenloser Abgrund auf.
Da ist nur noch Leere,
ein schwarzes Loch.
Da ist nichts mehr,
als das blanke Nichts.

Wie eingemauert

Manchmal komme ich mir
wie eingemauert vor.

Ich bin dünnhäutig und verletzlich
und verletze die neben mir.

Ich bräuchte Vertrauen
und vertraue selber keinem,
ich sehne mich nach Zuneigung
und selber verschließe ich mich.

Obwohl ich schmerzlich erfahren habe
wie schwer das Leben einen beuteln kann,
witzle ich über jene, die Gleiches durchleiden,
ich flüstere gedankenlos Vorurteile weiter,
die grundlos ausgestreut wurden.

Die Zeiten sind rauer
und der Egoismus ist größer, sagt man.

Ich schwimme mit auf diesen Wellen,
halte mich schadlos
und poche auf meine Selbstgerechtigeit.

Da stehe ich mit meinen zahllosen Fehlern
und ich weiß um meine Schuld,
aber ich lebe als gäbe es das alles nicht.

Ob Du mir verzeihen kannst, Gott?
Ich kann es nicht!

Der erste und der letzte Trost

Und wenn ich auch müde bin
an manchen langen Tagen, die bis in die Nacht reichen,
und meine Füße nicht gehen noch stehen wollen
und Kummer aufkommt,
weil die Händler inzwischen Krämer sind
und die Krämer Halsabschneider
und meine Augen zufallen wie eine Briefkastenklappe,
dann aber ist immer noch Trost
und Hoffnung in mir selbst
dann durch Jesus Christus einzig und allein
weil Er übriggeblieben ist,
alles andere aber dahingegangen und vergessen ist.

Er hat die Jahrhunderte, die Jahrtausende,
die Geschichte, die Weltgeschichte überlebt
und sich erhoben über allem und alles,
was blechern und hohl klingt.
Nichts ist geblieben von den großen Beteuerungen,
den felsenfesten Beweisen,
den sogenannten historischen Wahrheiten
und dem beglückenden Fortschritt.

Die Menschen haben gelernt
sich gegenseitig zu verbrennen,
sie haben gelernt die anderen zu verfolgen,
zu foltern und zu meucheln.

Sie haben gelernt
große Bauten zu errichten,
Erfindungen zu machen und Entdeckungen
auf der Suche nach dem großen Glück,
Geld zu horten, um Besitz zu schaffen
und Zufriedenheit zu kaufen.

Aber alles wird vergehen und alle werden einsam sein
an manchen langen Tagen,
die bis in die Nacht hineinreichen,
doch es wird ein Erkennen geben tief in uns drinnen,
dass Jesus Christus einzig und allein übrigbleibt,
auch wenn wir müde sind und ohne Hoffnung.

Er ist der erste und der letzte Trost
auf Erden und also auch im Himmel,
um uns dort eines Tages,
ALLE in die Arme zu nehmen.

(nach Hans Dieter Hüsch/Uwe Seidel)

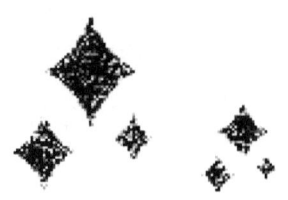

Türen schlagen Worte stumm

Narben werden wieder Wunden
unverschmerzt nur jünger.

Türen schließen giftversiegelt
Bindungen darben eingeigelt
Hoffnung geht zu Bruch.

Mauertüren giftgeschlagen
haben Spinnen eingeladen
Innerung zu netzen.

Mauern dauern Ewigkeiten
Menschen weinen Wenigkeiten
alles schreit nach Sinn!

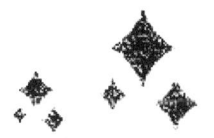

Am Ende

Es gibt Stunden, wo ich dieses Leben hasse, Stunden, in denen ich begreife, wie sehr ich gelebt werde. Stunden, in denen ich dann trotzig das Leben für mich einklage. Dann bin ich bereit zu zerstören, was ich mühsam zu bauen versuchte. Ich bin bereit aufzugeben, aufzuhören, alles hinzuschmeißen, ja sogar das eigne Leben. Wie lange noch werde ich solche Stunden überleben?

Keine gute Bilanz

Wenn durch alle Ritzen
falscher Hoffnung und grundloser Sicherheit
die Ahnung sickert:
die Sanduhr wird sich nicht mehr drehen,
die letzte Hand voller Sand rieselt nach unten,
dann muss ich mich
– wider Willen –
der längst vertrauten Ahnung stellen,
dass zu Ende geht,
was ich noch nicht aus der Hand geben will.

Ich habe gelebt
und doch allzu oft nicht richtig,
ich habe vieles gewollt
und so verdammt wenig erreicht.

Es ist keine gute Bilanz
mit der ich mich verabschieden werde
und doch hoffe ich, dass zählen möge
was ich mit ehrlich gutem Willen versucht habe.

Plötzlich klingt sie lebensnah die alte Bitte:
‚Gott sei mir armen Sünder gnädig!‘

Plötzlich ist alles anders

Plötzlich ist alles anders
und keiner fragt dich, ob du das willst.
Ärztliche Sorgenfalten bei den Röntgenbildern,
das CT benennt rücksichtslos ein schnelles Ende.
Rien ne va plus – nichts geht mehr,
ganz plötzlich ist alles anders.

Schon seit vielen Jahren,
seit die ersten Menschen gehen mussten,
die mir ans Herz gewachsen waren,
habe ich das ‚einmal sterben müssen‘
ganz bewusst nicht ausgeklammert
aus meinem Denken.

Doch jetzt,
‚von jetzt auf nachher‘ überrumpelt
mit einer derart knappen Lebensfrist
brauche ich Zeit
bis ich halbwegs wieder aufrecht denken kann.

Eigenartig, dass ich die letzte Portion Unklarheit
nicht krampfhaft umklammert halte.

Die Seele knebelt vor allem
diese erdrückende Endgültigkeit
für die mit denen ich lebe.

Ich kann dies nicht ändern,
so gerne ich es ihretwegen täte –
ganz plötzlich ist alles anders!

Die bisherigen Wichtigkeiten
fangen an sich zu verschieben,
ein fast distanziertes Bilanzieren
steht unversöhnlich neben den Gefühlen.

Was noch abzuschließen ist bestimmt das Denken.
Die ‚letzten Dinge‘ habe ich längst schon geregelt,
doch die Ordnung in den persönlichen Dingen
lässt noch zu wünschen übrig.

Vielleicht ist er nun nötig,
dieser einsetzende Aktivismus,
damit ich mich anfreunden kann
mit dieser Hiobsbotschaft,
dass das eigne Leben nunmehr nur Vergangenheit
und keine Zukunft mehr hat –
oder doch: Zukunft?

Bald werde ich's wirklich wissen!

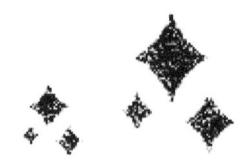

Gottes Möglichkeiten

Gott ist mächtig!
Ist jemand unter uns,
der seinem Lebensabend entgegengeht
und den Tod fürchtet?
Warum diese Furcht?

Gott ist mächtig!
Ist jemand unter uns,
der über den Tod eines geliebten Menschen
verzweifelt ist?
Warum verzweifeln?

Gott kann die Kraft schenken,
das Leid zu tragen.
Sorgt sich jemand um seine schlechte Gesundheit?
Warum sich sorgen?
Komme, was mag.

Gott ist mächtig!
Wenn unsere Tage verdunkelt sind
und unsere Nächte finsterer als tausend Mitternächte,
so wollen wir stets daran denken,
dass es in der Welt eine große,
segnende Kraft gibt, die Gott heißt.

Gott kann Wege der Ausweglosigkeit weisen.
Er will das dunkle Gestern
in ein helles Morgen verwandeln –
zuletzt in den leuchtenden Morgen der Ewigkeit.

Gott ist mächtig!

(Martin Luther King)

Dein Wille

Gott, hilf mir anzunehmen,
was das Leben mir alles beschert.

Hilf mir, Deinen Willen zu suchen,
auch wenn ich nicht immer sicher bin,
was Deinem Willen entspricht.

Forme meinen Willen um
nach dem Bilde Deines Willens.

Gib mir einen Willen
der dem Deinen immer ähnlicher wird.

Gott, hilf mir,
dass ich ehrlichen Herzens glauben kann,
dass sich auch das Unverstehbare bei Dir rundet
und dass nichts geschieht, von dem Du nichts weißt.

Lass mich dies bejahen,
auch wenn ich dies gerade dann nicht verstehen kann,
wenn meine Pläne durchkreuzt werden.

Wo sollte der Sinn liegen in meinem Leben,
wenn er nicht in Dir begründet ist?

So bitte ich Dich, Gott,
gib, dass Dein Wille geschieht,
nicht nur im Himmel,
sondern auch auf Erden.

Und nicht nur allgemein in der Welt,
sondern auch in meinem Leben.

Von der Kraft des Erinnerns

As das Volk der Hebräer Generationen später zurückschaute auf den Aufbruch und auf all die Ereignisse in der Wüste, die man auf so wunderbare Weise überlebt hatte, da war die Überzeugung längst gefestigt: das haben nicht wir geschafft, das gelang alles nur durch die Hilfe dessen, der uns in der Wüste seinen Namen geoffenbart hat. Und fortan feierten sie durch alle Generationen das Gedächtnis dieser Geschehnisse als Dank und als Bitte für das Kommende.

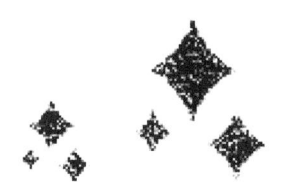

Hart und ausgetrocknet

Wenn deine Seele hart und ausgetrocknet ist,
wenn du keine Tränen mehr weinen
und nicht mehr lachen kannst,
selbst dann
kann Gott dem noch Lebensatem einhauchen,
was an verkümmerter Hoffnung
in deiner Seele verschüttet liegt.

Nicht-mehr-weiter-wissen

Bestimmt verstehst Du es
guter Gott,
wenn ich all dem ausweichen will,
was das Leben schwer macht,
wenn ich die Wüsten umschreiten
und vor durchwachten Nächten fliehen möchte.

Dieses 'Nicht-mehr-weiter-wissen',
das 'Nicht-verstehen-können'
und dieses 'Nicht-wissen-wie-alles-werden-wird',
das nimmt mir jedes Mal neu die Luft zum Atmen.

Ich bin dann einsam, hilflos und zumeist allein,
mutlos, kraftlos und restlos am Ende.

Naher Gott,
lass mich spüren,
dass Du mich stützt,
wenn ich mich verloren glaube.

Lass mich spüren,
dass Du mir Atem und Schubkraft gibst,
wenn ich mich saft- und kraftlos fühle.

Lass mich jeden Tag neu erfahren,
dass Du in meinem Leben zugegen bist,
und dass Du Dich nicht vertreiben lässt.

Umsonst gelebt?

Warst du nicht auch schon
ganz allein,
nicht Stunden und nicht Tage,
nein wochenlang und länger
allein mit dir und ohne Sprache?

So viele reden zu dir,
und Ohren brauchst du, immer wieder Ohren.

Aber keiner fragt nach dir,
keiner sieht wie deine Seele blutet
und wie du wortlos schreist,
weil auch du dich nach Ohren sehnst.

Du bleibst allein,
nicht Stunden und nicht Tage,
nein wochenlang und länger
und du fühlst dich
als wärst du schon in deinem Grab.

Umsonst gelebt?

Corona

Wie ein Damoklesschwert schwebt diese Pandemie bedrohlich über meinem Kopf. Da schwirren einem die Ansteckungszahlen und die engmaschig gezurrten Lockdown- und Quarantäneregeln derart um die Ohren, dass man um den rechten Durchblick kämpfen muss.

Aber trotz aller Vorsichtsmaßnahmen kann dieses Virus ohne jede Vorwarnung zuschlagen. Selten habe ich mich ohnmächtiger gefühlt.

Niemals zuvor habe ich mein Leben derart fragil erlebt. Dass einem das Verfügungsrecht über das eigene Leben derart aus der Hand genommen wird, das ist eine Erfahrung, die einem bis ins Mark erschüttert und sich bleibend in die Seele einbrennt.

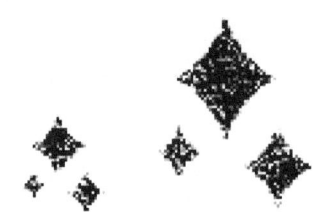

Nach Deiner Hilfe sehn' ich mich

Herr, Deine Huld neige sich mir zu
und Deine Hilfe, wie es verheißen ist.

Denk doch an das Wort,
durch das Du mir Hoffnung gibst.
Tröste mich in Deiner Huld,
wie Du es Deinem Knecht verheißen hast.

Nach Deiner Hilfe sehnt sich meine Seele;
ich warte auf Dein Wort.
Herr, ganz tief bin ich gebeugt.
Durch Dein Wort belebe mich!

Stütze mich, damit ich lebe.
Lass mich in meiner Hoffnung nicht scheitern!
Gib mir Halt, dann finde ich Rettung;
immer will ich auf deine Gesetze schauen.

Ich sehne mich nach Deiner Hilfe,
nach Deiner gerechten Verheißung.
Sieh mein Elend und rette mich;
denn ich habe Deine Weisung nicht vergessen.

Mein Flehen komme vor dein Angesicht.
Reiß mich heraus getreu deiner Verheißung!

(nach Ps 119)

Mein Leben kennt das Leid

Jesaia ruft:

Jetzt stehe ich auf, spricht der Herr, jetzt erhebe ich mich.
Ihr seid schwanger mit Heu
und ihr bringt nur Stroh zur Welt.
Ihr in der Ferne, hört, was ich tue;
ihr in der Nähe, erkennt meine Kraft!
Dann werden die Sünder zu zittern beginnen,
ein Schauder erfasst die ruchlosen Menschen.
Wer rechtschaffen lebt und immer die Wahrheit sagt,
wer es ablehnt zu erpressen
und wer sich weigert zu bestechen,
der wird auf den Bergen wohnen.
Ihm reicht man das Brot
und seine Wasserquelle wird ewig nicht versiegen!

(vgl. Jes 33, 8ff.)

Mein Leben kennt Leid und Enttäuschung,
zahllos sind die geweinten Tränen
und viele meiner Fragen bleiben unbeantwortet.
Auch Du, Gott, gibst mir keine Antwort,
aber Du führst mich zu dem,
der schwach und arm in einer Krippe lag
und dessen Lebensende für zahllos Viele
zum Hoffnungszeichen wurde.
Eine Hoffnungsbotschaft,
dass Leben, durchkämpft wie der Tod
und erkämpft wie die Auferstehung,
in Dir sich runden wird.
Hilf Du mir, Gott,
mit diesem Vertrauen aufrecht weiter zu gehen.

Lustlos

Es gibt Tage, da ist mir alles zu viel,
da fehlt mir die Lust und die Luft,
weil so Vieles getan werden muss,
weil so vieles Freudlose dabei ist
und weil ich mir wie ausgesaugt vorkomme.

Alle wollen etwas von mir,
fordern und haben Ansprüche.

Gehetzt vom Hundertsten ins Tausendste
bleibt zahlloses auf der Strecke,
das eigentlich gewissenhafter erledigt werden müsste.

Und der Teufelskreis beginnt von neuem,
denn damit bin ich erst recht nicht zufrieden.

Zeit für mich selber bleibt da kaum
und wenn, dann nehme ich sie mir nicht.

Da kommt Vieles zu kurz
und eigentlich Wichtiges bleibt auf der Strecke,
so auch meine Hinwendung zu Dir, Gott,
der Du mir das Leben als Gabe gegeben hast,
die ich meinen Fähigkeiten entsprechend
zur Entfaltung bringen soll.

Gib mir Zähigkeit,
wenn etwas durchstanden werden muss,
gib mir Hartnäckigkeit,
wenn Wichtiges zu erledigen ist
und gib mir Stehvermögen,
den anderen gegenüber,
aber auch gegenüber meiner Laschheit,
ja, gib mir Kraft und Ausdauer.

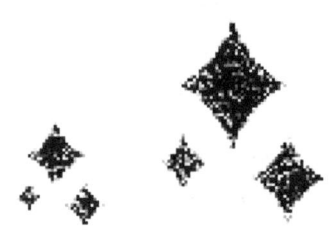

Vertröstung

‚Da ist das und dann ist jenes, doch nächste Woche habe ich ganz gewiss Zeit für sie! Es tut mir leid, ich muss vertrösten, da geht nun wirklich nichts zu machen. Sie dürfen sich verlassen, ich werde mich bei ihnen melden in zwei oder allenfalls drei Tagen ...'

Vertröstung derart gut verpackt, ist und bleibt nichts anderes als verletzendes Desinteresse und führt zum leisen Tod.

Hörend beten

Wir sind grundsätzlich auf unsre eigenen Gedanken und Worte angewiesen, weil wir darin und damit unser Leben bedenken und für uns selbst verstehbar machen. Aber häufig ersticken wir unser Beten mit unnötig vielen Worten.

Natürlich tut es gut vor Gott einfach und ohne jede Formulierungskunst auszusprechen, was uns bewegt, beschäftigt, Angst oder Freude macht, aber unser Beten muss mehr sein, denn es will ja helfen, dass wir Seine Stimme erkennen und hören können, und dies immer deutlicher. Deswegen beginnt das christliche Beten eigentlich nicht mit dem Sprechen, sondern mit dem Hören.

Das hörende Beten lässt die Gedanken ziehen, umkreist ein Wort, einen Vers oder eine Zeile, etwa aus der Hl. Schrift, aber es lässt die Gedanken ziehen, ohne einen davon festzuhalten. Solches hörende Beten bleibt offen für alles, was auf diesem Weg im eignen Herzen nach oben steigt.

Diesen Weg haben schon viele vor uns beschritten und es ist auch für uns eine bereichernde Erfahrung, wenn wir dabei und mittendrin Seine Nähe spüren und Seinen Willen deutlicher erkennen.

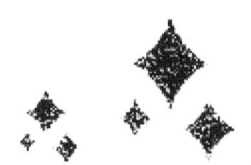

Ausdauer und Treue

Ich danke Dir, Gott,
dass Du meinem kleinen Leben
diesen großen Sinn gegeben hast:
die Welt wenigstens ein klein wenig besser zu machen.

Du willst, dass ich ohne Gewalt und ohne Befehl,
allein aus dem Glauben und mit Geduld
Deine Liebe denen künde,
die nicht mehr an Güte glauben können.

Ich habe nichts, als das Vertrauen in Deine Nähe.
Doch darauf will ich mich verlassen,
auch wenn die Nöte und Zweifel groß sind,
der Lebenswind mir stürmisch ins Gesicht weht
und die Geduld, die ich brauche,
mich an meine Grenzen führt.

So bitte ich Dich, Gott, um ein Zeichen Deiner Nähe,
damit ich standhaft bleibe im Zweifel,
und um ein Zeichen Deiner Treue,
damit ich mutig bleibe
im Schatten aufkommender Ängste.

Lass mich wenigstens hin und wieder
im Leben kleine Früchte ernten dürfen,
nicht damit ich stolz bin,
sondern damit ich immer wieder
Ausdauer und Durchhaltevermögen gewinnen kann.

Halte mich!

Ich mag mich selber nicht!
Vieles könnte ganz anders sein,
wenn ich es nur versuchen würde ...,
wenn ich nur wollte ...!

Die Spinne

Eines schönen morgens glitt vom hohen Baum eine Spinne am festen Faden hinab ins Gebüsch. Dort baute sie ihr Netz, das sie im Laufe des Tages immer fester ausbaute und mit dem sie reiche Beute machte.

Als es Abend geworden war, lief sie ihr Netz noch einmal ab, um eventuelle Schäden auszubessern. Dabei entdeckte sie den Faden, der nach oben führte und an dem sie am Morgen herabgestiegen war. Aber in ihrer Geschäftigkeit hatte sie ihn ganz vergessen und so wusste sie nicht mehr, wozu er diente. Sie hielt ihn für überflüssig und biss ihn kurzerhand durch. Sofort aber fiel das ganze Netz in sich zusammen und riss sie mit in die Tiefe.

Und eben dies lehrt uns die Geschichte: an der Verbindung nach oben hängt dein ganzes Leben!

Das rechte Beten

Wenn wir beten kann es sein, dass wir hilflos stammeln, Tränen unsre Worte ersticken und wir nur noch wortlos zum Himmel starren. Und es kann sein, dass wir gewichtig reden, so als müssten wir die Wahrheit nach oben senden. Dann sprudelt es aus uns heraus wie ein gewaltiger Strom, Frohes ebenso wie das, was uns niederschmettert.

Welche Worte wir auch wählen, ehrlich müssen sie sein und aus unserem Herzen kommen, dann hört Gott uns zu, geduldig, bis wir alles gesagt haben und er wird keines unsrer Worte vergessen, auf ewig.

Unser Vater

Mit vielen Namen sprechen wir zu Dir unserem Gott.
Wir nennen Dich:
Schöpfer und Richter,
König und Herr,
Retter und Erlöser.

Hinter jedem dieser Namen verbirgt sich ein Bekenntnis,
hinter jedem Namen steht eine Wahrheit.
Doch ein Name trifft uns mehr als alle anderen,
Dein Sohn hat uns gelehrt,
dass wir ‚Vater' sagen dürfen.

Mit zahllosen Beiworten beschreiben wir Dein Wirken.
So nennen wir Dich:
allmächtig und allweise,
gütig, barmherzig und gerecht,
allgegenwärtig und ewig.

Und mit jedem Wort
wird eine Deiner Eigenschaften beschrieben.

Aber eines trifft uns tiefer als alle anderen,
dass Du nämlich ein ‚liebender' Gott bist,
ein uns liebender Vater.

Gib mir Vertrauen in Deine liebende Größe,
gib mir Vertrauen in Deine liebende Nähe!

Gott ist allzeit bereit

Nie hat ein Mensch nach irgendetwas so sehr begehrt
wie Gott danach begehrt,
den Menschen dahin zu bringen,
dass er Ihn erkenne.
Gott ist allzeit bereit, *wir* aber sind sehr unbereit;
Gott ist uns nahe, *wir* aber sind ihm fern;
Gott ist drinnen, *wir* aber sind draußen;
Gott ist in uns daheim, *wir* aber sind in der Fremde.

(Meister Eckhart)

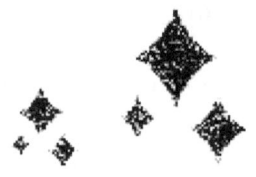

Du kennst mich besser...

Du kennst mich besser
als ich mich selber kenne.
Du Gott weißt, wie ich bin
und was alles ich ändern müsste.
Aber Du hast Geduld mit mir,
Du lässt mir Zeit, unendlich viel Zeit,
bis mir die einzelnen Schritte gelingen.
Gib, dass ich dabei nicht aufhöre
Deine Hand zu suchen.

Gebrauche mich...

Du Herr willst mich gebrauchen.

Die Unruhe, die mich immer wieder ergreift,
wenn ich Dein Wort höre, zeigt mir dies.
Und dies, obwohl Du meine Schwächen kennst.

Du weißt, wie leicht ich den Mut verliere.
Du weißt, wie ängstlich ich meine Schritte setze.

Aber Du rufst mich, ausgerechnet mich
und darauf will ich mich verlassen.

Brauche mich
und mache mich brauchbar.

Zuallermeist weiß ich nicht, ob etwas herauskommt
bei allem, was ich in Deinem Namen tue.

Aber – wie heißt es doch –
das Werkzeug braucht sich nicht zu sorgen
um den Sinn des Werks.
Ich bin Dein Werkzeug.

Brauche mich
und mache mich brauchbar.

Geh mit!

Wir reden viel
und sagen doch nichts.

Viele Worte werden gesprochen,
die nur Worte bleiben.

Wer hört schon zwischen die Zeilen?

Wir schauen uns an
und sehen uns nicht.
Wir sehen die Augen
und lesen sie nicht.

Wer sieht schon hinter die Tränen?
Und hat nicht jeder genug mit sich selbst zu tun?

Es ist, wie es ist,
wer kann da schon was machen?

Tief in mir drinnen,
da spür' ich manchmal
ein sich wehren.

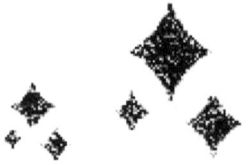

Oh, dass ich mir Deiner doch sichrer wäre!

Wenn es geschieht,
dass ich intensiver schweige,
als ich das normalerweise tue,
und wenn ich dann auch nicht verdränge,
was hochsteigt an Gedanken,
dann kann ich gar nicht anders,
als nach Antworten zu suchen
auf die vielen Fragen meines Lebens,
die ich ansonsten großzügig übergehe.

Denn da ist so Vieles, was mir unverstehbar bleibt,
trotz einem „Sicher!" und „Aber trotzdem!".

Da ist Jenes,
das im Rückblick geradezu zwingend
und in sich stimmig wirkt,
obwohl es im Vorhinein nur ein Durcheinander war.

Und es gibt all das,
wo ich nur dankbar sein kann,
weil es für mich gut gelaufen ist,
obwohl ich eher gegenteilig gesteuert habe.

Eben dabei, wo es anders lief als ich das wollte,
und wo alles deswegen richtig war,
eben dabei ahne ich eine Hand,
die mich – da und dort jedenfalls – geführt hat.

Ist es Gottes Hand,
die mich da geschoben und gebogen
und manches Mal gehalten hat,
bis ich endlich, ohne kapiert zu haben,
das tat, was im Nachhinein das einzig Richtige war?

Oh, dass ich doch öfter glauben könnte,
dass Du, Gott, mit im Spiel bist
auch wenn ich nicht weiß wie das zu verstehen geht!

Die ausgestreckte Hand

Wo auch immer du betest
in einer Kirche, in einem Tempel oder in einer Moschee,
wir verehren einen Gott,
den wir Schöpfer nennen
und von dem wir denken, dass er uns zugewandt bleibt.

Die mannigfaltigen Ausformungen der Religionen
sind wie die Finger ein und derselben Hand
des einen höchsten Wesens.
Diese Hand streckt sich nach uns aus,
um uns alle liebevoll zu umschließen.

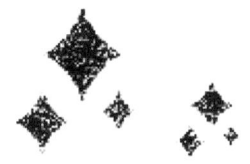

Ringen

Herr,
wenn Du mich schon nicht findest
als einen, der siegt,
so finde mich
als einen, der ringt.

(Augustinus)

Unlust

Ohne Anlass
und eigentlich grundlos
steigt sie hoch
meine Unlust
mein Widerwille gegen alles und jeden.

Sie greift nach mir und lähmt mich.
Sie macht sich breit und strahlt aus,
ihr Gift steckt an und pflanzt sich fort.

Ich kenne es –
und zu oft schon
ließ ich's tatenlos geschehn.
Was hindert mich dies zu ändern?

Vielleicht –
weil ich selbst mich ändern müsst … !

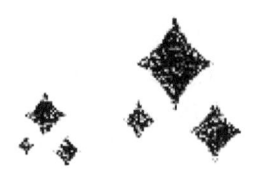

Man müsste sich ändern

Wie oft schon haben wir uns das vorgenommen, aber nichts ist geschehen. Schließlich gibt es so unendlich viele Gründe, warum wir sind wie wir sind, und da geht dann alles nicht so einfach!

Und was alles drückt auf unsre Schultern, von dem keiner etwas weiß. Wir nehmen es am Abend mit ins Bett und stehen am Morgen damit auf.

Was sich ändern müsste, das ist viel einfacher bei dem neben mir.

Wenn doch der so Unzufriedene endlich anerkennen würde, dass nicht alles perfekt sein kann, dass auch er Grenzen hat.

Wenn doch der so restlos Unverbindliche endlich Position beziehen würde, wenigstens hin und wieder.

Wenn doch der ewig Grantige seine Gesichtsmuskeln entspannen und der restlos Verbissene Lockerheit lernen würde.

Und wenn doch jener, der sich fortwährend über das Böse in der Welt beklagt, zugegeben könnte, dass er selbst wenigstens da und dort daran beteiligt ist.

Ja wenn sich der andere ändern würde, dann könnte man sich ohne Gesichtsverlust anschließen und wäre nicht wieder der Dumme.

Ja wenn der Gesichtsverlust nicht wäre! Aber ist das wirklich das Problem?

Müsste ich vielleicht...? – Wenn ich nur mit meinem Finger nicht auf den anderen, sondern auf mich selber zeigen würde, ob da wohl ein Anfang wäre ...?

Ungezählte Male...

Schon ungezählte Male
wollte ich mein Leben
mit dem zusammenbringen,
was ich glaube,
wovon ich überzeugt bin,
aber fast genauso oft
bin ich damit keinen Deut weitergekommen.

Da sind so viele Hindernisse,
frommes Gerede und luftleere Patentrezepte
und da ist mein Leben
mit all seinen Fragezeichen,
Ecken und Kanten
und da ist das,
was auf meiner Seele
und auf meinen Schultern lastet.

Ich suche Dich, Gott,
weil ich weiß,
dass ich mit Deiner Hilfe
manches tragen und anderes er-tragen kann,
dass Du mir Atem geben kannst und Stehvermögen,
Du, der Du die Tür aufgestoßen hast
in eine ganz andere Dimension unseres Lebens.

Gib Du Dich mir zu erkennen,
ergreife mein Herz
und lass mich tief drinnen spüren
wie sehr Du
für uns das Leben willst.

Ein milder Gott

Es ist dem Menschen beigegeben
ein kleines Stück vom großen Leben,
das sich vollzieht
ohn' Unterschied.

Ob Bettler oder hohes Tier,
von einer Handvoll Erde sind wir alle hier
bis Gras wächst über dieses Land.

Wollt darum freundlich sein
und euch mit Heiterkeit versehen.
Es hat der Mensch zu kommen und zu gehen.
Dieses ist ausgemacht von Anfang an.
Mit Hochmut ist nicht viel getan.

Es ist dem Menschen aufgegeben,
mit Güte Gutes zu erstreben
ohn' Unterlass.

Auch soll er das,
was nötig ist zum Leben, mit allen teilen
und aller Kreatur zur Hilfe eilen,
bis Blumen wachsen aus dem Gras.

Wollt darum gnädig sein
und nicht mit Hohn verachten,
die nichts auf dieser Welt zustande brachten.

Wenn es bestimmt, dass wir gen Himmel reisen,
dann ist mit Reichtum nicht mehr zu beweisen.
Es wird dem Menschen aufgegeben,
wenn er bereut und ändert sein bisherig' Leben.

Der Tanz ist tot.
Der Mensch kehrt heim zu Tisch und Brot.
Der Rausch verfliegt,
die Demut siegt,
die Masken sind gefallen.

Doch größer wär des Menschen Not,
wär nicht ein Gott,
der milde mit uns allen.

(Hanns Dieter Hüsch/Conrad Contzen)

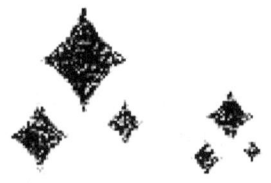

Plötzlich ist alles anders!

Da ist die schwere Krankheit oder gar ein Todesfall, da grassiert ein furchteinflößendes Virus, da ist der berufliche Rückschlag oder die zerbrochene Beziehung, was ich niemals für möglich gehalten habe ist plötzlich hautnah und lähmt mich unbeschreiblich.

Plötzlich ist alles anders!

Das bisherige Leben stottert, die Selbstverständlichkeiten wanken, Festverzurrtes löst sich in beängstigender Schnelligkeit und eine Fülle neuer Fragen machen mich ratlos und sie bleiben antwortlos.

Plötzlich ist alles anders!

Wer gibt mir Halt, jetzt wo der Boden wankt? Wer zeigt mir einen Weg in diesen undurchsichtigen Zeiten? Wer sagt mir, was denn jetzt noch zählt? Wo findet meine Seele Atem? Werde ich, wenn überhaupt, neuen Lebensmut finden?

Plötzlich ist alles anders!

Sorgen bereitet mir das hilflose Gebeuteltsein ebenso wie das sinnentleere Gefasel um mich herum. Ich muss mich von Grund auf neu definieren und trotz aller völlig unerwarteter Widrigkeiten festen Stand finden und ein Weitergehen versuchen.

Nur eines weiß ich:

So wie bisher geht es nicht!

Mache meine Schultern stark!

Nicht dass ich keine Schmerzen mehr habe,
nicht dass ich keine Träne mehr weine
und auch nicht, dass ich sorglos leben kann,
all das erbitte ich nicht von Dir.

Nein, heute bitte ich Dich,
Du guter Gott,
dass ich mit Deiner Kraft tapfer bleiben kann,
wenn das Leben mich neuerlich beutelt,
dass du meine Schultern stark machst,
wenn schwere Kreuze für mich gezimmert werden,
vom Leben an sich
oder von besonders lieben Mitmenschen,
dass Du mir Atem einflößt,
wenn der Weg zu steil oder sinnlos zu werden scheint,
dass Du mir den Rücken stählst,
wenn das Festhalten am Guten und Wahren
zum Nachteil zu werden droht,
dass Du mich schiebst, wenn es auszubrechen gilt
aus viel zu ausgetretenen Gewohnheitspfaden.

Um eines aber bitte ich Dich am allermeisten,
dass ich nämlich,
komme was da wolle,
täglich spüren
und deswegen glauben und vertrauen darf,
dass Du mich, menschenfreundlicher Gott,
ganz fest in Deiner Hand geborgen hälst,
komme was da wolle.

Ja, gerade darum bitte ich Dich!

Meine Zuversicht

Ich suche Gott auf den Bergen –
wird Er mir dort entgegenkommen?
Woher kommt mir Hilfe?

Meine Hilfe kommt von Ihm,
der nicht nur auf den Bergen wohnt,
mein Gott hat alle Himmel und Welten geschaffen,
und wenn ich Ihn bitte, so ist Er anwesend und hilft.

Ich suche Gott in der Natur –
wird Er mir dort begegnen?
Woher kommt mir Hilfe?

Meine Hilfe kommt von Ihm,
der sich nicht nur um den Himmel sorgt,
mein Gott sieht auch meine Schritte hier auf Erden,
und wenn ich falle, so richtet Er mich nicht.
Er richtet mich wieder auf.

Ich suche Gott im Himmel und auf Erden –
Wo werde ich Ihn finden?
Wer kann mir meinen Weg zeigen?

Meine Hilfe kommt von Ihm,
der nicht schläft oder müde wird.

Mein Gott behütet mich Tag und Nacht,
und wenn ich zum Leben keine Kraft mehr habe,
spricht Er mir neuen Mut zu.

Meine Hilfe kommt von Gott,
den ich bitte, der mich tröstet,
der mein Leben behütet heute und in aller Zukunft.

(Hanns Dieter Hüsch/Uwe Seidel)

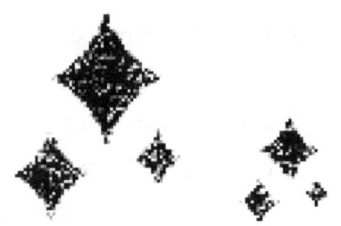

Die Ahnung

Wenn ich das nicht immer wieder erleben dürfte,
guter Gott,
jene blitzlichtartigen Augenblicke,
wo urplötzlich und unerwartet aufleuchtet,
worauf ich letztendlich hoffe
und wonach ich mich sehne,
wenn ich das nicht immer wieder fühlen dürfte,
guter Gott,
ganz unerwartet die Ahnung,
dass alles dereinst eine Antwort finden wird,
wahrscheinlich könnte ich nicht mehr glauben,
dass von Dir her
Lösungen und ein Weiterleben möglich ist.

Aber diese wenigen Momente
sind Treibstoff für meine Hoffnung,
dass Du mir zur Seite bist und bleibst, ganz egal,
welche Bürden meinen Lebensweg erschweren.

Dass von Dir her ein Weitergehen möglich ist
und möglich bleibt, ganz egal,
was alles mich straucheln und stolpern lässt.

Darum bete ich:
Nimm Du mich an der Hand,
und hilf Du mir
– im Wissen um Deine Nähe –
konsequenter zu leben.

Als Einzelner von Dir gezählt

Wenn ich mir nüchtern unsre Welt vor Augen führe, dann besteht für mich kein Zweifel: die allermeisten von uns sind nur ein unbedeutendes Licht, unbedeutend und wie ein winziges Rädchen im großen Getriebe dieser Welt, wenig beachtet und jederzeit austauschbar.

Und weil ich oft genug erfahren habe, dass meine Möglichkeiten derart gering sind, dass sie nicht ausreichen Änderungen oder Korrekturen anzustoßen habe ich den Mut verloren hervorzutreten, habe ich es verlernt Position zu beziehen und Farbe zu bekennen.

Dabei vergesse ich zumeist, was es heißt vor Dir, guter Gott, als Einzelner gezählt zu sein, von Dir umsorgt zu sein wie es intensiver nicht zu denken geht.

Das passt so gar nicht in diese Welt. Aber dieses Wissen, einmal zur Überzeugung geworden, würde helfen zu verändern, anzupacken, hervorzutreten und Farbe zu bekennen.

Dann, ja dann, wenn ich dies tief drinnen unradierbar eingraviere in den Sinngrund meiner Seele.

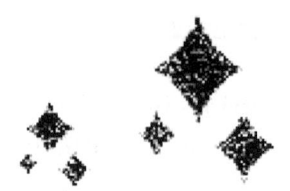

Es müsste doch!

Ich würde gern tun,
was ich soll,
aber ich weiß nicht,
was ich kann!

Die drei Siebe

Aufgeregt kam jemand zu Sokrates gelaufen.

„Höre, Sokrates, das muss ich dir erzählen ...!"

„Halt ein!" - sagte dieser,

„Hast Du das, was Du mir sagen willst, durch die drei Siebe geschüttet?"

„Die drei Siebe?"

„Ja mein Freund! Wir würden uns sehr viel Leid ersparen, würden wir alles, was wir über einander reden, erst durch diese drei Siebe schütten!

Das erste Sieb ist die Wahrheit:

Hast Du alles, was Du mir erzählen willst, geprüft, ob es wahr ist?"

„Nein, sagte der andere, ich hörte es ..."

„So so, schauen wir auf das zweite! Es ist das Sieb der Güte!

Ist das, was du mir erzählen willst, wenigstens gut?"

Zögernd sagte der andere: „Nein, im Gegenteil ..."

„Dann", unterbrach ihn der Weise, „dann lass uns noch das dritte Sieb anwenden und lass uns fragen, ob es wirklich notwendig ist, mir zu erzählen, was dich so erregt!"

„Notwendig, notwendig ist es nicht gerade," sagte der andere.

„Dann", lächelte Sokrates, „wenn das, was du mir erzählen willst, weder wahr, noch gut und nicht einmal notwendig ist, dann sprich es nicht aus und vergesse es selbst, so schnell du kannst!"

Grundsätze

Grundsätze soll man,
so sagte einmal Albert Camus sinngemäß,
für jene Momente des eignen Lebens aufsparen,
wo es Grundsätze braucht.
Zuallermeist genüge ein wenig Barmherzigkeit.

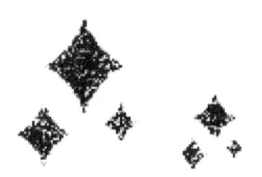

Wasser ist Leben

Nimm alles Wasser weg von dieser Erde,
und sie wird kahl und unbewohnbar wie der Mond:
Kein Baum, kein Fluss,
kein Tier, kein Mensch.

Nimm das Wasser weg.
Was bleibt ist eine Wüste.

Ein paar Regentropfen – und die Wüste grünt!
Ja, Wasser ist Leben!

Wie Regen in der Wüste

Wenn einer im richtigen Moment das Richtige sagt,
wo sich alle festgebissen haben –
das ist wie ein Regentropfen in der Wüste.

Wenn einer anpackt, ohne lang zu fragen,
einfach nur um zu helfen –
das ist wie ein Regentropfen in der Wüste.

Wenn einer laut protestiert,
auch wenn er selbst vom Unrecht nicht betroffen ist –
das ist wie ein Regentropfen in der Wüste.

Wenn einer sich beherrscht und lieber schweigt,
als mit gleicher Münze heimzuzahlen –
das ist wie ein Regentropfen in der Wüste.

Wenn einer lieber schweigt,
als die Fehler anderer auszuposaunen –
das ist wie ein Regentropfen in der Wüste.

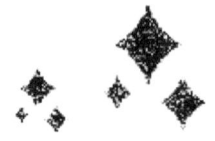

Gib mir die Sporen

So vieles legt den Schluss nahe,
dass es so nicht weitergehen darf wie bisher
und wenn doch,
dann läuft alles in eine verhängnisvolle Richtung.

Da fällt es mir immer schwerer zu glauben,
dass das Spiel der Mächtigen
und die Intrigen der Kleinen
und ebenso meine eignen Ellenbogen
Dein erlösendes Wirken in dieser Welt
nicht unterbinden können.

Längst habe ich mich arrangiert
mit den üblich gewordenen Halbheiten,
mit den vordergründigen und inhaltsleeren Antworten
und der Oberflächlichkeit,
die oft nur auf das eigne Ego schaut.

Ich habe mich ausgerechnet da eingerichtet,
wo ich niemals verweilen wollte,
damals, als ich in jungen Jahren von Besserem träumte.

Gib mir die Sporen, befreiender Gott,
damit ich die trügerischen Gatter durchbrechen kann,
in die ich mich widerstandslos habe einzwängen lassen.

Erschließe Du mir doch
jene Weiten und Beständigkeiten des Leben,
die jenseits aller verführerischen Belanglosigkeiten liegen.

Wie man seinen Nächsten lieben muss

Der Sassower erzählt einem seiner Jünger:

„Die Erkenntnisse wahrer Nächstenliebe verdanke ich einem Gespräch zweier Dorfleute, denen ich zuhörte."

Erster:

„Sag` mir, Freund Iwan, liebst du mich?"

Zweiter:

„Ich liebe dich sehr."

Erster:

„Weißt du Freund, auch, was mir weh tut?"

Zweiter:

„Wie kann ich denn wissen, was dir weh tut?"

Erster:

„Wenn du nicht weißt, was mir weh tut, wie darfst du auch nur sagen, dass du mich lieb hast?"

„Verstehst du, Hersch," führte der Sassower aus, „lieben, wirklich lieben, heißt wissen, was dem anderen weh tut."

(Martin Buber)

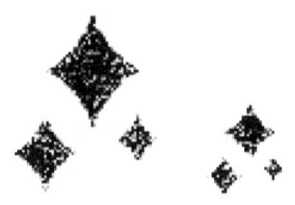

So vieles lässt mich leben

Es ist so Vieles, was mich leben lässt,
es ist so Vieles, worum ich bitte:

Dass meine Arbeit nicht ins Leere geht;
dass es Menschen gibt, denen meine Arbeit nützt;
dass der Erfolg meines Einsatzes
nicht nur die andren ernten.

Dass mein Leben ein Ziel hat;
Dass meine Irrtümer nicht endgültig sind;
Dass meine Fehler wieder berichtigt werden können.

Dass es Menschen gibt, die mir gut sind;
dass es Menschen gibt, die mich brauchen;
dass ich wenigstens manchmal Wegweiser sein kann.

Dass ich menschlicher werde;
dass ich da, wo ich lebe, Gott, entdecke,
dass Er es ist, der will, dass ich lebe.

Es ist so Vieles, was mich leben lässt,
es ist so Vieles, worum ich bitte!

Sei Du unser Halt

Guter Gott,
der Du unser Schicksal
nicht in die Sterne geschrieben hast,
sondern in Deine Hand,
der Du uns geschaffen hast mit Herz und Verstand
und der Du jeden von uns
entgegen allem Vernünftigen und noch so Einleuchtendem
beim Namen rufst.

Du willst,
dass wir trotz all unsrer Brüchigkeit
Dein Gleichnis und Abbild sind in dieser Welt.

Lenke Du unser Herz und unseren Verstand,
damit wir – gepackt von Dir und Deiner Botschaft –
Zeugen sein können
von Deiner Menschenfreundlichkeit
und für Dein Reich, das kommen wird,
und das da schon erkennbar ist,
wo Deine Gegenwart an uns ablesbar ist.

Lass uns von Dir gehalten
einander Halt sein!

Deine Hand

So oft ist mein Beten eine bloße Abfolge von Forderungen,
ganz so, als müsste ich Dir, Gott, erst sagen,
was Du zu tun hast.
Längst aber hälst Du Deine Hand über mich
und niemals ziehst Du sie zurück.
Lass mich das immer deutlicher spüren
und gibt mir so mehr Sicherheit und Kraft
für das, was das Leben mir abverlangt.

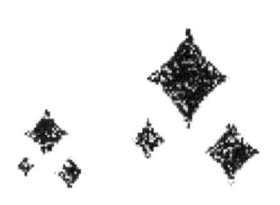

Sich Zeit-nehmen

Sich Zeit-nehmen
nicht nur halbstundenweise,
Zeit-haben,
nicht nur in Fristen verpackt,
das lässt Leben blühen
und den Menschen
Mensch sein!

Es werde Licht!

Gott,
sprich Du über uns
das Wort des ersten Schöpfungstages:
„Es werde Licht!",
damit wir zu durchschauen lernen,
was unseren Blick verstellt und trübt.

Was um uns und mit uns geschieht,
droht uns blind werden zu lassen
für Dein sinnstiftendes Licht.

So bringen wir alles zu Dir,
was unser Leben verdunkelt,
belastet und erschwert.

Dein Licht
werde zur Morgenröte
in unseren verzagten Herzen,
zum Leitstern
in den unverstehbaren Dunkelheiten
unseres Lebens und dieser Welt.

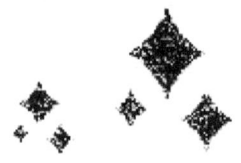

Sei nicht bange – Ein Psalmengebet

Bist Du nur ein Gott,
der in der Nähe ist,
nicht auch ein ferner Gott?

Jer 3,23

Du bist ein verborgener Gott.

Jes 45,15

Oder verbirgst Du Dein Gesicht vor uns,
um zu sehn, wie es dann uns vergeht?

Dtn 32,20

Und doch:
Du betrübst und erniedrigst nicht.

Klgl 3,23

Du lässt Dich von denen suchen,
die nach Dir nicht fragen,
Du lässt Dich von denen finden,
die Dich nicht suchen.

Jes 65,1

Such ich Dich in der Leere?

Jes 45,19c

Ich höre wohl:
„Ich, der Herr, melde dir Heil
und verkündige, was recht ist."

Jes 45,19d

Aber, Arme und Stiefkinder des Glücks
suchen Wasser,
und es ist nicht da,
ihre Zunge ist vor Durst vertrocknet.

Jes 41,17

Wie kann dann meine Seele träumen
Vor Dir, Gott, der meine Rettung ist?

Ps 62

Fändest Du doch Menschen, die recht tun!

Jes 4,4

Dann können wir alle sagen:
Du bist unser Gott,
ein Befreier der Menschen.

Du hast mein Rufen gehört.

Du hast mich gehört und gesagt:
„Sei nicht bange" –

Klgl 3,51

„Sieh, etwas Neues werde ich machen;
Es beginnt schon zu keimen,
siehst du das nicht?

Jes 43,19

Herr, ich glaube.
Hilf meinem Unglauben.

Mk 9,24b

Und leere mich armen Narren,
wie ich beten soll.

(Guido Gezelle)

(Edward Schillebeeckx)

Er setzt auf uns

Und wenn ich auch nichts mehr hörte
von all diesen furchtbaren Reden
und schnellen Begierden
und eitlen Lügen
und falschen Beweisen
und all dem geschichtlichen Zeugs
aus Brunst und Bestechung.
Und wollte mich in mein Gehäuse verkriechen.

Schweigend und schwierig im Umgang,
und nichts mehr singen und sagen –
Gott sitzt in einem Kirschenbaum
Und ruft die Jahreszeiten weiter aus.
Er träumt mit uns den alten Traum
vom großen Menschenhaus.

Wir sind die Kinder, die Er liebt,
mit denen Er von Ewigkeit zu Ewigkeit
das Leben und das Sterben übt.

Er setzt auf uns,
dass wir aufstehen,
dass wir uns einmischen,
dass wir einander annehmen,
dass wir Seine Revolution der Liebe verkünden
von Haus zu Haus.

An die Tür nageln,
heiß die Köpfe reden,
in die Herzen versenken,
bis die Seele wieder ein Instrument der Zärtlichkeit wird
und die Zärtlichkeit musiziert und triumphiert
und die Zukunft leuchtet!

(Hanns Dieter Hüsch/Conrad Contzen)

Dass mein Leben mehr werde

Dass mein Leben mehr werde
als ein hektischer Ablauf
von Stunden und Tagen,
Jahren und Jahrzehnten,
danach sehne ich mich;
nach Sinn und Erfüllt-Sein.

Dass mein Leben
mehr werde als ein ungeordneter Haufen
von Gedanken und Wünschen,
Begierden und Erwartungen,
danach sehne ich mich:
nach Sinn und Ziel.

Dass mein Leben
mehr werde als eine zufällige Reihe
von Handlungen und Taten,
Werken und Leiden,
danach sehne ich mich:
nach Sinn und Gelingen.

Dass mein Leben
mehr werde als ein verworrenes Knäuel
von Beziehungen und Sympathie,
Miteinander und Gegeneinander,
danach sehne ich mich:
nach Sinn und Liebe.

Dass mein Leben
mehr werde, die Erfahrung von Sinn darinnen sei,
danach sehne ich mich
und dafür bete ich.

Kirchenmitgliedschaft

Wenn heute einer aus seiner Kirche austritt,
erntet er zu allermeist Verständnis.
Nirgendwo braucht er sich dafür zu rechtfertigen,
denn jeder kann sich sowieso schon denken
warum er diesen Schritt tut.

Wenn einer dagegen in eine Kirche eintritt
fragt man schon eher nach seinen Beweggründen,
denn Solches tut man nicht einfach so,
zumal dies heute
ganz und gar nicht selbstverständlich ist.

Und wenn einer in seiner Kirche bleibt,
dann ist das bestimmt einer,
der nicht nachdenkt
und man vermutet viel eher Bequemlichkeit
als wirkliche Überzeugheit.

Vielleicht sollte man einführen,
dass jeder Einzelne
in regelmäßigen Abständen befragt wird,
warum er weiterhin dazu gehören will.

Würde das nicht die Kirche
von innen her verändern?

Sein Recht preisgeben

Herr,
unendlich viel Zeit
bringe ich damit zu,
mir selbst und allen um mich herum zu beweisen,
dass ich recht habe
und dass die Wahrheit auf meiner Seite ist.

Doch diese Rechthaberei lähmt mich oftmals
und verengt mir meinen Blick,
sodass ich immer mehr
in einen Strudel zerstörerischer Selbstherrlichkeit gerate.

So bin ich fast krank von der Mühe
Tag um Tag auf mein Recht zu pochen.

Und immer wieder bin ich in Gefahr
dafür sogar die Wahrheit zu beugen.

Hilf mir aufzuhören
mit dieser selbstzerstörerischen Hybris.

Stelle Dich mir entgegen,
Herr,
mit der Wahrheit, die denjenigen seligpreist,
der nach Gerechtigkeit sucht
und eben dafür auch bereit ist
das eigne Recht preisgeben.

Als Einzelner gezählt

Wenn ich unsere Lage nüchtern betrachte,
dann bin ich wie ein Rädchen
im großen Getriebe der Welt,
lediglich eine Nummer
im großen Verzeichnis der Bedeutungslosen,
wenig beachtet und jederzeit ersetzbar.

Und weil ich oft genug erleben musste,
dass meine Fähigkeiten nicht ausreichen
irgendetwas grundlegend zu ändern,
habe ich den Mut verloren hervorzutreten,
habe ich es verlernt Farbe zu bekennen,
Stellung zu beziehen und Partei zu ergreifen.

Und so sitze ich lieber
im sicheren Boot meiner Kleinmütigkeit
und treibe dahin
auf dem Meer der Mittelmäßigkeiten.

Nimm mich doch an der Hand, guter Gott,
wenn es gilt,
für Deine Sicht von Welt und Mensch einzutreten.

Gerade da, wo keiner mehr danach fragt.

Ja, nimm mich an der Hand
und lass mich nicht untergehen,
wenn ich mich stürmischen Fluten aussetze.

Ja, guter Gott,
nimm mich an der Hand!

Ohne Liebe geht es nicht

Pflichtbewusstsein ohne Liebe macht verdrießlich
Verantwortung ohne Liebe macht rücksichtslos
Gerechtigkeit ohne Liebe macht hart
Wahrhaftigkeit ohne Liebe macht kritiksüchtig
Klugheit ohne Liebe macht betrügerisch
Freundlichkeit ohne Liebe macht heuchlerisch
Ordnung ohne Liebe macht kleinlich
Sachkenntnis ohne Liebe macht rechthaberisch
Macht ohne Liebe macht grausam
Ehre ohne Liebe macht hochmütig
Besitz ohne Liebe macht geizig
Glaube ohne Liebe macht fanatisch

(Laotse)

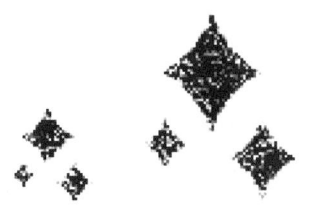

Sorgfalt beim Reden

Spontanität lässt Gespräche kurzweilig werden und vorbehaltloses Aussprechen des Gedachten schafft ohne Zweifel Vertrauen zwischen denen, die miteinander reden. Doch das darf nicht verwechselt werden mit einem Reden ‚aus dem hohlen Bauch heraus‘, was ganz besonders dann Vorbehalte schürt und ganz und gar nicht gemeinschaftsstiftend ist, wenn das unüberlegt Gesprochene direkt in die Mitte meines Gegenübers zielt. Hier ist Feingefühl vonnöten, das Erspüren dessen, was den anderen verletzen und was ihm helfen könnte. Da steht manches Mal die Klugheit des Schweigens deutlich höher als die Ehrlichkeit des Redens.

Der Regenbogen

Wenn es stimmt,
dass schon im Alten Testament
der Regenbogen
als Zeichen des Friedens und der Verbindung
vom Himmel zu den Menschen
bezeichnet wird,
dann möge doch
dieses mächtige Zeichen am Himmel erscheinen,
damit es das Gewissen der Völker aufrüttelt
und sie dahinführt,
den offensichtlichen Irrsinn der Kriege zu beenden
und gemeinsam aufzubrechen
mit aller Kraft den Frieden zu schaffen.

Ein lebenswerter Planet

Unsere Erde ist nur ein kleines Gestirn im großen Weltall. An uns liegt es, daraus einen Planeten zu machen, dessen Geschöpfe nicht von Kriegen gepeinigt werden, nicht von Hunger und Furcht gequält, nicht zerrissen in sinnlose Trennung nach Rasse, Hautfarbe oder Weltanschauung. Gib uns den Mut und die Voraussicht, schon heute mit diesem Werk zu beginnen, damit unsere Kinder und Kindeskinder einst mit Stolz den Namen Mensch tragen.

(Gebet der Vereinten Nationen)

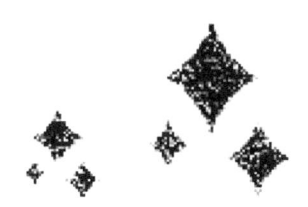

Ein Baum von einem Klafter Umfang

Ein Baum von einem Klafter Umfang
entsteht aus einem haarfeinen Halm,
eine neunstufige Terrasse
erhebt sich aus einem Häuflein Erde,
eine tausend Meilen weite Reise
beginnt vor deinem Fuß.

(Laotse)

Aber man lebt!

jeder von uns ist gesandt von gott,
(so steht es im evangelium)
jeder von uns hat
eine einmalige sendung
wer das nicht herausfindet
was seine einmalige sendung ist
könnte an seinem einmaligen leben
vorbeileben
und es könnte sogar sein
daß er krank wird oder ist
und weiß nicht wovon

und wenn man nicht weiß
was ist meine sendung
dann schwankt man hin und her
und vertut seine kräfte
seines leibes- und seelenkräfte
wenn man weiß
wozu man gesandt ist
wird das leben
vielleicht nicht so glatt gehen
aber man lebt

(Wilhelm Willms)

Abrüstung

Mögen alle Menschen den Mut und die Tapferkeit finden sich mit allen Möglichkeiten für den Frieden einzusetzen.

Mögen die Verantwortlichen in der Kirche nicht nur auf die vielfältigen Egoismen der Menschen hinweisen, sondern mit lauter Stimme und unmissverständlich für selbstlose Gerechtigkeit eintreten.

Mögen die Mächtigen dieser Erde endlich aufhören lügnerisches Machtstreben für berechtigte Selbstverteidigung auszugeben.

Möge jeder Politiker schweigen, der von sich behauptet er diene dem Frieden, aber ohne jeden Einspruch militärische Aufrüstung vorantreibt.

Mögen wir selbst selbstlos den Frieden fördern.

Aussichtslos

Ich darf mir nicht zu viel Traurigkeit zumutcn, wem hilft schon meine Traurigkeit? Mir am allerwenigsten!

Aber bitte, ich halte die derzeitige Situation und eben auch die meinige für aussichtslos.

Wie jeder andere auch versuche ich meinen Alltag zu bewältigen, aber keineswegs aus christlichem Ethos heraus, sondern weil ich um zu leben Geld verdienen muss.

Das alles nennt sich dann Leben, – wenigstens darüber kann ich lachen!

Zeig Dich uns!

Ja Herr, ich will glauben,
dass Du die Wolken durchbrichst
und die Nebel lichtest,
die meinem Blick die Weite nehmen.

Steig doch durch die Wolken
und zeig Dich uns!

Ja Herr, ich will glauben,
dass Du Leben hervorbrechen lässt,
wo meine Seele vertrocknet ist,
dass Du Atem gibst,
wenn ich mich am Ende wähne.

Steig doch durch die Wolken
und zeig Dich uns!

Ja Herr, ich will glauben,
dass Du lösen kannst, was verknotet ist,
auflösen, was an Fragen auf mir lastet,
dass Du erlösen wirst
jeden, der Dir vertraut.

Steig doch durch die Wolken
und komm zu uns!

Aufbruch

Wir wollen das Joch des Pharao abschütteln
sagten die Hebräer in der ägyptischen Gefangenschaft.
Wir wollen aufbrechen in das Land Kanaan,
wo Milch und Honig fließt,
in das Land, das uns verheißen ist
und Mose, von Gott gesandt, wird uns führen.

Also lasst uns aufbrechen!

Viele Jahre der Entbehrung, lagen hinter ihnen,
ungezählte Todesgefahren in der Wüste
hatten sie überstanden,
doch nun standen sie am Ufer dieses riesengroßen Flusses
und sie ahnten, dass es nur mitten hindurch weiterging.
Natürlich hatten sie Angst, Riesenangst,
aber drüben, das wussten sie,
lag das Gelobte Land
und da wollten sie hin, unbedingt.

Also lasst uns aufbrechen!

Wir wollen aufbrechen sagten in Bethlehem
die Hirten mitten in der Nacht.
Vielleicht ist der Gesang der Engel keine Einbildung
und die Geburt eines Heilandes Wirklichkeit.
Und sind nicht deswegen unsre Tiere zu unruhig?
Wir wollen zum Stall, nur dann erfahren wir
ob das alles stimmt.

Also lasst uns aufbrechen!

Lasst uns aufbrechen
sagen all jene, die ganz weit nach unten abgetriftet sind,
aber nicht aufgehört haben zu träumen,
dass alles nicht so bleiben muss, wie es jetzt ist.
Es braucht den ersten Schritt,
es braucht einen kraftvollen Ruck,
dann beginnt er, der Aufbruch.

Also lasst uns aufbrechen!

Komm' doch o Gott!

Jesaja ruft:

Pfad dem Bewährten ist Geradheit,
du Gerader ebnest des Bewährten Geleis.
Ja, auf dem Pfade deiner Gerichte,
DU, erharren wir dich.
Nach deinem Namen,
nach deinem Gedenken
ist der Seele Begehr.
DU, richte den Frieden uns zu,
denn auch alles an uns Getane
hast du uns gewirkt.

(aus Jes 26, 7ff. – nach Martin Buber)

Immer wieder gibt es Stunden in meinem Leben,
wo es mir schwerfällt, Dich, Gott, anzureden.
Dann nämlich, wenn ich mich wie in Ketten gelegt
fühle, geschnürt und eingeengt,
kaum, dass mir noch Atem bleibt.
Dann fällt es mir schwer
mir einzugestehen,
wie wenig ich selber lösen kann.
So bitte ich Dich
Trotz aller inneren Sperren
um Stehvermögen,
eben auch jetzt.

Wasserreiche Oasen

Jesaja ruft:

In der Wüste bahnt SEINEN Weg,
ebnet in der Steppe eine Straße für unseren Gott!
Alles Tal soll sich heben,
aller Berg und Hügel sich niedern.
Offenbaren will sich die Herrlichkeit des Herrn,
alles Fleisch wird es sehen.
Ja geredet hat SEIN Mund.
Schwing hoch mit Kraft deine Stimme,
fürchte dich nimmer:
Seht, da ist euer Gott!
ER kommt als der Starke,
wie ein Hirt weidet er seine Herde,
die Lämmer hält er in seinem Arm!

(aus Jes 40, 1-11 - nach Martin Buber)

Schon oft führte mich mein Weg durch
endlose Wüsten, und wohl auch künftig gibt es sie,
die ausgetrocknet öden Stunden,
die nur qualvoll langsam zerrinnen.
Stunden voller Durst nach einem lösenden Wort,
voller Hunger nach einer ausgestreckten Hand.
Ich will aushalten, was ich nicht ändern kann,
und ich will bewahrt bleiben vor dem Zweifel,
dass Du, Gott, nicht auch mitten im Dunkel zu finden bist.
Ich will vertrauen,
dass Du mich wieder in wasserreiche Oasen
und am Ende meiner Tage
in lichtdurchflutete Weite führen willst.
Ja, ich will vertrauen.

Dass mein Leben mehr werde

Jesaja ruft:

Wach auf, wach auf, mein Gott,
bekleide dich mit Macht.
Wach auf, wie in den Tagen von einst,
wie bei den Generationen der Vorzeit.
Warst nicht du es,
der durch die Tiefen des Meeres den Weg legte,
damit die Erlösten hindurchschreiten konnten?
Die vom Herrn Erlösten kommen nach Zion mit Jubel.
Kummer und Seufzen müssen entfliehen.
Ich selber bin es, ich (euer Gott), der euch tröstet.
Ich selber bin's, der Herr, dein Gott,
ich habe dich zugehüllt mit dem Schatten meiner Hand!

(aus Jes 51,9ff. - nach Martin Buber)

Es darf nicht sein, dass mein Leben nicht mehr ist
als eine eher zufällige Abfolge von
Handlungen und Taten,
das erhoffe ich für mich und dafür bete ich.
Es darf nicht sein,
dass mein Leben nicht mehr ist
als ein unreflektiertes Sammelsurium
von Träumen und Wünschen,
das erhoffe ich für mich und dafür bete ich.
Es darf nicht sein
dass sich mein Leben erschöpft
in sinnentleertem Alltagstrott.
Ich möchte darin Sinn suchen und erkennen,
das erhoffe ich für mich und dafür bete ich.

Lass mich Dich finden!

Bei Amos heißt es:

An jenem Tag richte ich auf das Zerfallene,
die Risse bessere ich aus, das Zerfallene erbaue ich neu,
ja, alles stelle ich wieder her wie in den Tagen der Vorzeit.
Seht, es kommen Tage - Spruch des Herrn -
da triefen die Berge von Wein und alle Hügel fließen über.
Dann wende ich das Geschick meines Volkes.
Und ich pflanze sie ein in ihren Boden
und niemals mehr werden sie ausgerissen
aus dem Land, das ich ihnen geben werde.
Er, dein Gott, hat dies gesprochen.

(aus Am 9,11-15 - nach Martin Buber)

So viele Lügen sind eingelassen in unser Miteinander,
und im Letzten weiß keiner, warum das so ist.
So vieles geschieht, das ich nicht billige,
aber um den Mund aufzutun und aufzutreten,
dafür reicht mir mein Mut nur hie und da.
Es ist so vieles, das mich derart in Beschlag nimmt,
dass mir der Atem ausgeht
und meine Seele wie geknebelt lahmt.
Und dann wenn das Dunkle mich derart umfängt,
dann erscheinst Du mir, Gott, meilenweit entfernt.
Du, der Du jeden von uns umgreifst,
der Du uns beschützen willst mit Deinen Händen,
Du willst gefunden werden,
eben auch in den Um- und Abbrüchen meines Lebens.
Wenn ich das nur könnte!

Engagiert

Weil ich von Deiner Botschaft betroffen bin
engagiere ich mich.

Weil ich Deine helfende Hand schon spüren durfte,
gehe ich zu meinen Mitmenschen, setze mich für sie ein,
so gut ich es kann,
obwohl die dabei erlebten Lieblosigkeiten
immer wieder meinen Schwung zu lähmen drohen.

Weil ich schon ungezählte Mal erfahren durfte
wie sehr Du mich getragen und gehalten hast,
suche ich nach Mittel und Wegen
diese Erfahrung auch den Menschen neben mir
zu erschließen, gerade auch dann,
wenn das Leben sie beutelt,
wenn AuswegIosigkeiten sie lähmen,
wenn Leid und Trauer sie niederbeugen
und auch dann,
wenn ihre Fragen antwortlos bleiben.

Hilf mir meinen Idealen treu zu bleiben,
ebenso wie meinem Einsatz für die Menschen.

Bleibe mir zur Seite,
treibe mich an, wenn ich lahme,
halte mich, wenn ich strauchle,
stütze mich,
wenn mir alles über den Kopf zu wachsen droht
und berge mich in Deiner Hand, wenn ich kraftlos werde.

Ja, bleibe mir zur Seite,
Du mein Herr und Gott.

Wenigstens ein bisschen Himmel!

Suchen wir nicht unentwegt den "Himmel"?

Wir reden uns in den "siebten Himmel",
schaffen aber zumeist nicht einmal den ersten!

Und hat man endlich ein bisschen Himmel erspürt,
dann muss man ängstlich bangen,
dass ihn uns einer wieder zerstört.

Jedem von uns ein bisschen Himmel zu gönnen,
wäre das nicht mehr,
als unentwegt nach dem „siebten Himmel" zu suchen?

Sehnsucht, die zum Himmel reicht

Dass du Sehnsucht träumst,
die den Himmel berührt,
– das wünsch' ich dir!

Auf dass du den Ruf der Weite hören
und Unendlichkeit spüren darfst.
Dass auch solche Träume seien,
die vom Himmel auf die Erde reichen,
– das wünsch' ich dir!

Auf dass der graue Horizont
sich farbig zu den Sternen weite.
Dass die Sehnsucht sprenge,
was deine Angst geknebelt hält,
– das wünsch' ich dir!

Auf dass die Seele ahnend schwingt
bis zur Dahinter-Zeit.
Und dass du hoffen kannst,
dass dort das Sehnen sich erfüllt,
– das wünsch' ich dir!

Auf dass dein Leben lebbar
und die Warum's erträglich bleiben,
– ja, das wünsch ich dir!

In Deiner Hand

Du hast unser Schicksal und uns selbst
nicht in die Sterne
sondern in Deine Hand eingeschrieben
und darin bergst Du alle deine Menschen.

Du hast uns mit eigenem Willen geschaffen
und hast uns Verstand gegeben,
die uns gegen alles Vordergründige
im Bewusstsein halten,
dass wir als Sterbliche leben,
die dennoch oder gerade deswegen
von dir gerufen und gehalten sind.

Du nimmst es hin,
dass wir viel zu brüchig leben
und nicht mal ansatzhaft Deinem Bild entsprechen.
Egoisten, Gegner sind wir und manchmal auch Feinde.

Und doch sind wir auch
Partner, Freunde, Liebende füreinander,
und so dann doch Deine Menschen.

Der Du uns unwiderruflich nahe bist und nahe bleibst,
offenbare Dich doch,
hier und jetzt.

Lenke unser Herz und öffne unseren Verstand
für die Visionen eines besseren Miteinanders,
die die Wohlgesinnten
seit Menschengedenken umwerben.

Fülle unsere Hoffnung mit der Gewissheit,
dass wir wirklich so sein können,
wie Du es gedacht hast,
Abbild Deiner Menschenfreundlichkeit.

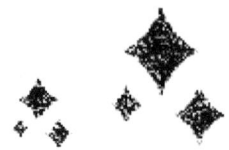

Danke, dass wir uns gefunden haben!

Danke,
dass wir unsere Zukunft planen und bauen können.
Danke für die Augen,
mit denen wir uns liebevoll anschauen.
Danke für alle Zärtlichkeiten,
die wir einander schenken.
Danke, dass wir glücklich sind.
Möge unsere Liebe weiterwachsen,
auf dass wir Schwierigkeiten aushalten
und Enttäuschungen meistern
und wir einander immer besser verstehen.

Den Himmel gibt es jetzt schon!

Lass deinen Blick sich nicht im Leeren verlieren,
lass dich nicht vertrösten auf irgendwann,
den Himmel gibt es jetzt schon,
er ist hier und heute schon erfahrbar,
zwischen uns,
in uns
und unter uns.

Für einen Himmel braucht es nicht viel.
Freundlichkeit, Offenheit für alle,
ein ehrliches Miteinander,
wo keiner sich zu schade ist
zu tun was nötig ist,
zumal für die Bewohner unsres Herzens.

Der Himmel ist schon heute,
er steht für jeden vor der Tür
und jeder, der es will
kann ihn eingelassen.

Unsre Zunge kann den Himmel sichtbar machen
mit jedem aufbauenden Wort, das sie spricht.
Unsre Augen können den Himmel erfahrbar werden lassen
mit jedem ehrlich freundlichen Blick.

Ja, wir haben es in der Hand,
ob der Himmel sichtbar, spürbar,
ob er Wirklichkeit wird,
eben heute.

Wenn ich's doch nur könnte,
wenigsten ein bisschen Himmel sein
für die Meinen!

Der Traum von Freiheit

Wer träumt nicht von einer Freiheit,
ohne jede Einengung und ohne jede Gängelung?
Wer träumt nicht davon
tun zu können,
was einem der Moment eingibt,
spontan und ohne jeden Zwang?

Eine solche Freiheit
ähnelt einem Neubeginn,
weil sie befähigt alles Belastende zu überspringen,
einfach hinter sich zu lassen,
vor allen das,
was jeder Kreativität den Atem nimmt.

Und dieser Traum von Freiheit
ist keineswegs exklusiv,
denn er lässt Raum für ein Miteinander,
wo sich alle verstehen,
wo jeder gerne gesehen ist
und wo alle Vorbehalte von vornherein begraben bleiben.

Ist es wirklich vermessen
von einem Miteinander zu träumen,
wo alle Menschen offen und ehrlich
um die Wahrheit ringen
in all den ungelösten Fragen,
die unser Leben betreffen?

Ist es nicht so,
dass auch du diesen Traum von Freiheit träumst?
Aber was tun wir dafür,
damit diese Freiheit Füße bekommt?

Licht ist verheißen!

Von Anfang an gilt die Verheißung, dass jede Art von Finsternis nicht endlos ist, auch nicht die dunkelste Nacht und schon gar nicht die der eignen Seele.

Als ewiges Ziel ist Licht verheißen, ein Licht, das – wie es heißt – alles Dunkle für immer bannen wird. Da wird sich, so die Verheißung, Verschlossenes öffnen, Festgezurrtes wird entwirrt und es wird aufgesprengt, was in Dunkelheiten vergraben liegt.

Dann wird ans Licht kommen, was wir bisher geschluckt und weggesteckt und doch nicht verdaut haben. Und wir werden aufblühen, weil nichts mehr ist, das uns im Dunklen verschlossen hält.

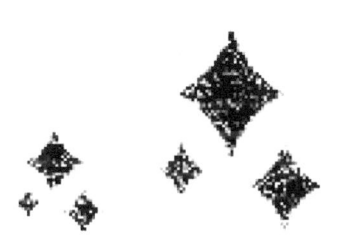

Dann immer ist der Himmel nahe...

Wenn Menschen einzig danach trachten
einander glücklich zu machen.

Wenn sie vorbehaltlos aufeinander zugehen
und sich die Hände reichen.

Wenn Menschen sich für Frieden einsetzen,
im Kleinen wie im Großen,
wenn sie Mauern niederreißen
und Grenzen sprengen,
wenn sie einander wirklich zuhören
und wenn sie vorteilslos miteinander sprechen.

Wenn Menschen sich gegenseitig stützen
durch ein aufbauendes Wort,
durch einen verständnisvollen Blick.

Wenn Menschen sich einsetzen
einzig für mehr Menschlichkeit.

Dann immer ist der Himmel nahe!
Dann immer.

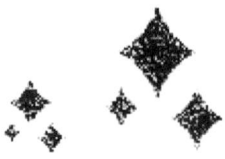

Mit Deiner Hilfe...

Mit Deiner Hilfe
will ich zum weiß Gott wievielten Male versuchen
meine festgefahrenen Gedanken ebenso abzulegen
wie all die seichten Redensarten,
mit denen ich alles Mögliche zu entschuldigen suche.

Es geht so leicht
sich mit seiner eigenen Bequemlichkeit abzufinden.
Dass dabei meine Seele Grünspan ansetzt
und in ihren Ecken sich behäbige Resignation einnistet,
das nehme ich in Kauf.

Fast zwangsläufig rede ich mir ein
eigentlich zufrieden sein zu können,
schließlich gibt es ja solche neben mir,
denen es weit schlechter geht.
Unser Leben ist nun mal kein Honigschlecken.

So versuche ich erst gar keinen größeren Schritt,
schließlich bringt mir der kleinere
weit weniger Scherereien.

Verfolgt von nicht mehr zählbaren Lösungsvorsätzen,
spüre ich längst
wie dünnhäutig meine Hoffnung geworden ist
und wie wenig tragfähig das ist,
was ich mir als Wahrheit vorgauckle.

Aber warum tue ich so,
als wäre meine kleine und die große Welt insgesamt
schon längst zu Ende gedacht?

Dein Zutrauen, guter Gott,
in uns Menschen ist so unverschämt groß,
dass wohl deswegen Deiner Geduld
nicht der Treibstoff ausgeht.

Mit Deiner Hilfe, Gott, könnte ich heute,
wenn schon nicht alles, so doch dies oder jenes anpacken.

Ich muss meine Bequemlichkeit austrocknen,
alle Wenn's und Aber endgültig entsorgen,
und ich muss endlich neue Schritte gehen
auf ganz neuen Wegen,
zaghaft vielleicht und tastend,
aber ich muss wollen, ich muss wollen.

Dafür brauche ich Deine Hilfe!

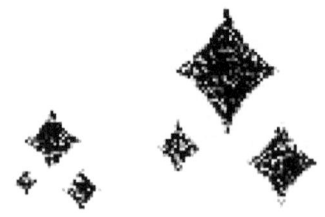

Mach mich zu einem dankbaren Menschen!

Gib mir
heute einen neuen Himmel und eine neue Erde.

Gib mir
das Staunen des Kindes,
dessen Blick sich für die Welt zum ersten Mal öffnet.

Gib mir
die Freude des Kindes,
das in jedem Ding deinen Glanz entdeckt,
einen Abglanz deiner Herrlichkeit
in allem, was ihm entgegentritt.

Gib mir
die Freude dessen,
der seine ersten Schritte macht.

Gib mir
das Glück dessen,
für den das Leben täglich neu,
unschuldig und voller Erwartung ist.

O mein Gott,
mache aus mir einen dankbaren Menschen!

(Morgengebet aus Indien – bei Marius Schwemmer)

Wenn wir tatsächlich anfingen...

Wenn wir tatsächlich anfingen
zu geben, was wir haben:
Begabung und Talent,
Kraft und Arbeit,
Trost und Mut;
wenn wir tatsächlich anfingen
zu teilen was wir sind:
Mann und Frau,
Mund und Herz,
Weinen und Lachen;
wenn wir tatsächlich anfingen
dies alles zu tun
in Seinem Namen füreinander,
zumindest aber für die,
die uns ans Herz gewachsen sind:
würde es dann nicht geschehen,
dass der Himmel die Erde berührt?

Bis zuletzt hat Jesus dieses Beispiel gegeben,
restlos überzeugt,
dass Du, Gott, nicht willst,
dass wir den Himmel oben
und die Erde unten lassen.
So machte Er uns Mut,
Dir in gleicher Weise zu trauen.

Gib uns doch, Gott,
den Mut zu solchem Vertrauen
und lass uns immer dann
Deinen Himmel erspüren,
wenn wir anfangen
zu geben, was wir haben
und zu teilen, was wir sind.

Für die Partnerschaft

Du hast uns aus Liebe erschaffen, guter Gott,
Du bist uns liebevoll zugetan
und Du hast uns zur Liebe befähigt.

Gib uns Augen, die Dich suchen
in allem, was uns begegnet,
in den alltäglichsten Kleinigkeiten ebenso
wie auch in gottverlassenen Situationen.

Gib uns Ohren, die Deine Stimme erkennen,
mitten im Stimmengewirr und den Geschichten des Tages.
Gib uns Hände, die Dich ehren,
durch Zärtlichkeit, durch Genauigkeit und durch Güte.

Wir bitten Dich, Gott,
hilf uns, dass wir offen und ehrlich
zueinander sein und bleiben können.
Hilf uns einander anzunehmen,
ganz besonders da, wo wir an unsre Grenzen stoßen.

Lass uns dankbar auf das schauen,
was wir geschaffen haben und was uns gelungen ist.
Und lass uns ohne Groll akzeptieren,
was aus dem Ruder gelaufen
und uns nicht gelungen ist.

Lass uns Deine Liebe spüren,
damit unsre Liebe wachsen
und wir sie einander schenken können.

Bleibe bei uns mit Deiner Liebe.

Endlich!

Endlich einer der sagt:
„Selig die Armen!"
und nicht:
Wer Geld hat ist glücklich!

Endlich einer, der sagt:
„Liebe deine Feinde!"
und nicht:
Nieder mit den Konkurrenten!

Endlich einer, der sagt:
„Selig, wenn man euch verfolgt!"
und nicht:
Passt euch jeder Lage an!

Endlich einer, der sagt:
„Der Erste soll der Diener aller sein!"
und nicht:
Zeige, wer du bist!

Endlich einer, der sagt:
„Was nützt es dem Menschen,
wenn er die ganze Welt gewinnt!"
und nicht:
Hauptsache vorwärtskommen!

Endlich einer, der sagt:
„Wer an mich glaubt, wird leben in Ewigkeit!"
und nicht:
Was tot ist, ist tot!

(Martin Gutl, Josef Dirnbeck)

Verheißung

Die Wüste und das trockene Land sollen sich freuen,
die Steppe soll jubeln und blühen.
Sie soll prächtig blühen wie ein Lilie,
jubeln soll sie, jubeln und jauchzen.
Man wird die Herrlichkeit des Herrn sehen,
die Pracht unseres Gottes.

Macht die erschlafften Hände wieder stark
und die wankenden Knie wieder fest!
Sagt den Verzagten:
Habt Mut, fürchtet euch nicht!
Seht, hier ist euer Gott!
Er selbst wird kommen und euch erretten.

Dann werden die Augen der Blinden geöffnet,
auch die Ohren der Tauben sind wieder offen.
Dann springt der Lahme wie ein Hirsch,
die Zunge des Stummen jauchzt auf.
In der Wüste brechen Quellen hervor,
und Bäche fließen in der Steppe.
Der glühende Sand wird zum Teich
Und das durstige Land zu sprudelnden Quellen.

Eine Straße wird es dort geben;
man nennt sie den Heiligen Weg.
Dort gehen nur die Erlösten.
Die vom Herrn Befreiten kehren zurück
und kommen voll Jubel nach Zion.
Ewige Freude ruht auf ihren Häuptern.
Wonne und Freude stellen sich ein,
Kummer und Seufzen entfliehen.

(aus Jes 35ff.)

Zwischen Scham und Stolz

Manchmal schäme ich mich, zu dieser Kirche zu gehören, wenn ich die bürgerlich satten Gemeinden sehe, wo man sich selbstgefällig in mehr oder weniger abgeschotteten Grüppchen kuschelt. Religiöse Folklore gehört dazu und jahreszeitlich ausgeformtes fromme Getue wird von keinem hinterfragt. Und da sind ja noch die Pfarrfeste, mit denen man für die Armut in der Welt den Alibigroschen erwirtschaftet. Sage keiner man tue nichts!

Dass die Botschaft dieses Mannes aus Nazaret sichtbar werden müsste, das bejahen wir allenfalls am Sonntag und auch da nur mit halbem Herzen. Aber schon am Montag unterscheiden wir uns keinen Deut von unseren Zeitgenossen. Das ist nicht, was Jesus gemeint hat.

Manchmal schäme ich mich, wie die Verantwortlichen in dieser Kirche mit Inbrunst ihre oft kleinkarierte Nabelschau betreiben und für die drängenden Fragen unsrer Zeit nicht die geringste Zeit aufwenden.

Und manchmal schäme ich mich nicht bloß wegen der anderen. Ich schäme mich ob der eignen Angepasstheit und Bequemlichkeit. Denn ich schwimme mit im allgemeinen Strudel der Kleinkariertheit. Ich finde tausend Ausreden, wenn sich meine faulen Kompromisse ins Bewusstsein drängen. Ich weiß das alles, aber ich ändere nichts.

Manchmal aber bin ich richtig stolz, zu dieser Kirche zu gehören, wo es Zahllose gibt, die Vieles zum Besseren wenden. Da war ein Papst Johannes und da ist ein Papst Franziskus, die für den frischen Wind stehen, den das letzte Konzil für die Kirche wollte. Und ich bin stolz, wenn ich an die zahlreichen Frauen und Männer in der Kirche denke, die sich ohne großes Aufhebens tagtäglich die Hände schmutzig machen, wenn sie sich für diejenigen einsetzen, die unsere verbürgerlichte Gesellschaft wie Abfall behandelt. Und ich denke an diejenigen, die aus ihrem Glauben heraus für eine menschlichere Welt den Kopf hinhalten und sogar ihr Leben aufs Spiel setzen.

Ja, und ich bin stolz, dass es in dieser Kirche mutige Frauen und Männer gibt, die ihren „Hirten" ohne Scheu ihre Meinung sagen, die ohne langes Zögern Initiative ergreifen, und die dies auch tun, wenn ihnen jeder Dank versagt bleibt.

Manchmal richte ich mich auf, weil es schon einem Wunder gleicht, dass diese Kirche nicht unterzukriegen ist und die – wenigstens in Teilen dieser Welt – so unbequem sein kann, wenn es um die Menschen geht, dass man sie bis aufs Blut bekämpft und verfolgt, aber nicht unterkriegt. Ja, manchmal bin ich richtig stolz, zu dieser Kirche zu gehören.

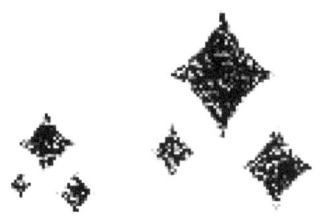

Bequem

Was seh' ich alles an Leid,
an Sorgen, Problemen und Nöte
um mich herum.
Da ist so viel,
dass ich mich meiner schämen müsste!

Denn da könnte ich,
und dort müsste ich helfen,
wenigstens in ganz bescheidenem Rahmen.
Da würde ich ja auch helfen wollen,
wenn ich nur die nötigen Mittel hätte.

Doch schon während ich solches denke
spüre ich sie,
die Fesseln, die meine Hände binden,
und meine Seele knebeln.
Da sind doch wirklich genügend Andere,
die das alles besser können.

Gott sei Dank,
ich kann jetzt nicht,
weil mich zahllose Verpflichtungen binden.
Man kann nicht überall dabei sein.
Das muss ein jeder doch verstehn!

Nicht Abbruch sondern Aufbruch!

Glaube hin, Religion her:
Tod bedeutet immer zuerst Trennung
und diese Endgültigkeit
tut unendlich weh!

Man hofft und hofft

Unglaublich, wie erträgt ein Herz,
Was schon zu denken unerträglich!
Hinhalten Hoffnungen den Schmerz,
Ihn brechend, den sie steigern täglich.

Man hofft und hofft, bis hoffnungslos
Geworden das geliebte Leben,
Dann gibt man auf die Hoffnung blos,
Das Leben war schon aufgegeben.

(Friedrich Rückert)

Trauern wir um diesen Menschen

Trauern wir um diesen Menschen,
nicht weil er gestorben ist,
wohl aber deswegen, weil er nie zu leben wagte,
weil er tat, was man vom ihm erwartete,
aber niemals das, was er selber wollte.

Trauern wir um ihn,
weil er die Stimme der anderen für wichtiger hielt
als die Stimme seines eignen Herzens.

Trauern wir um diesen Menschen
und um jeden,
der sein Leben derart in ein Korsett zwängt.

Vorher-bestimmt

Spätestens in jenen Stunden, wo der Tod so nahe kommt, dass dem Alltag der Atem stockt, fordert er unausweichlich unsre Antwort. Ob er selbstverschuldet, unerwartet oder unausweichlich nach einem lieben Menschen greift, immer ist es unerträglich, wenn da von gottgewollt und zugleich von einem guten Gott geredet wird.

Dass der Tod ins Lebensgefüge untrennbar eingewoben ist, wird wohl niemand bezweifeln, dass er im konkreten Einzelfall von Gott verfügt und geschickt wird, das freilich ist ein unerträglicher Gedanke, zumal dann, wenn sich der Mensch nicht einem selbstherrlichen Despoten, sondern einem unendlich menschenliebenden Gott gegenüber sieht. Ein Gott, der jeden Einzelnen in seine Hand auf ewig eingeschrieben hat und ihm so sehr zugetan ist, dass Er gar die Anzahl seiner Haare weiß – ein unglaublich wunderbares Bild für Gottes unbegrenzbare Liebe!

Je weniger wir versuchen das Unerklärliche des Lebens von Gott her zu begründen, umso mehr wird unser Blick ungetrübt sein für diesen Gott, wie ihn Jesus von Nazaret bezeugt hat. Ein Gott, der gerade dann zur Stelle ist, wenn es schwer für uns wird, wenn ob des Unverstehbaren alle Gedanken und Gefühle gegeneinander streiten. Er macht unsre Schultern stark und Er lässt uns spüren, dass Er selber gerade jetzt uns trägt.

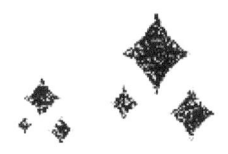

Wir verstehen die Wege nicht

Wir verstehen die Wege nicht,
die uns das Leben manchmal führt.
Noch weniger verstehen wir sie
wenn Schreckliches geschieht.
Dann sind wir in unsren Grundfesten erschüttert,
wir sind sprachlos und leer
und wir können uns der Tränen kaum erwehren.

Wie passt das alles zu Barmherzigkeit und Güte,
die von diesem Gott Jesu bezeugt wird,
wie deckt sich das alles mit Segen und Gnade?

Oft beten wir es vor uns hin:
Unsre Gedanken sind nicht Deine Gedanken
und Deine Wege sind nicht die unsrigen.
Und wir beten weiter:
Soviel der Himmel höher ist als diese Erde,
soviel sind Deine Wege höher als unsere.
Doch sind das nicht zuallermeist Gebete
auf unsren Lippen, aber nicht in unsren Herzen verankert?

Lass tief in uns eindringen,
dass nicht Du, Gott, uns dieses Leid schickst,
dass nicht Du, Gott, diesen Tod gewollt hast,
sondern lass uns spüren,
dass Du uns gerade jetzt im Leid und Tod
umso fester trägst.

So versuchen wir uns festzumachen bei Dir,
uns aufzurichten an Dir.

Und wir übergeben Dir unsre antwortlosen Fragen.

Vom Ende her

Als ich so saß und die alte Frau ansah, da sah ich mich plötzlich selber so dasitzen, alt und aufgequollen und schon halb tot, und das war kein angenehmes Bild. Da bekam ich Angst, und ich ging schnell ins Freie, in den kleinen Garten hinterm Haus, da hatte ich Dahlien und Astern gepflanzt, die blühten, aber dann dachte ich: Siehst du, so gehst du jeder wichtigen Erkenntnis aus dem Weg und der nackten Wahrheit, geh du nur wieder hinein und sieh dir die alte Frau an und dich selber; es schadet gar nichts, wenn dich schaudert, das gehört mit zum Leben, alles muss man erfahren, und man erfährt das Wichtige nicht, wenn man nichts Hässliches sehen will.

Da ging ich also wieder hinein, und ich kam gerade recht zum Sterben der Tante. Ich spürte es mehr, als dass ich's sah. Sie saß plötzlich höher aufgerichtet da, die Hände auf den Lehnen, als wollte sie aufstehen, den Kopf vorgestreckt, die Augen weit offen. Sie sah etwas, ganz bestimmt sah sie etwas. Wenn ich nur wüsste, was sie sah. Sie schaute ernst und aufmerksam hin, und dann lächelte sie, vielleicht verzog sich auch nur ihr Gesicht und es war eine Grimasse, kein Lächeln, aber es sah so aus, als ob sie etwas sehen würde, was ihr Freude machte, dann fing sie an zu keuchen, genau wie bei einem Asthma-Anfall, und plötzlich war es aus, mitten im Husten, sie blieb stehen wie ein Uhrwerk mitten im Stundenschlag, und dann fiel sie in sich zusammen, und der Tod machte sich gleich über sie her, und man musste sie schon nach zwei Tagen begraben statt nach dreien, weil sie sich einfach aufzulösen begann.

Aber diese paar Minuten vor dem Sterben, die waren wichtig, das weiß ich. Sie sah etwas, und das, was sie sah, gab ihrem Leben von hinterher, vom Ende her, den Sinn.

Ich kann mir nicht denken, dass man in diesem Augenblick noch betrogen wird und sich betrügen lässt. Man hat ihr etwas gezeigt, was sie zufrieden machte.

Aber warum erfährt man das erst so spät? Ich verstehe das nicht.

(Luise Rinser)

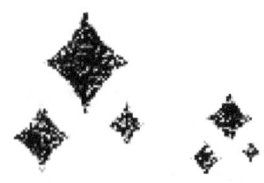

Die eigne Endlichkeit

Da ist nicht nur der unabänderliche Abschied
an der Bahre eines geliebten Menschen,
da ist auch das sonst so häufig verdrängte,
nun aber unabwendbar nach oben drängende Wissen
um die eigne Endlichkeit.

Damit nicht genug,
es stellt sich mit Macht die Frage
nach dem Sinn des eignen Lebens.

Vielleicht

Einer der Aufklärer, ein sehr gelehrter Mann, der vom Berditschewer gehört hatte, suchte ihn auf, um auch mit ihm, wie er's gewohnt war, zu disputieren und seine rückständigen Beweisgründe für die Wahrheit seines Glaubens zuschanden zu machen.

Als er die Stube des Zaddiks betrat, sah er ihn mit einem Buch in der Hand in begeistertem Nachdenken auf und ab gehen. Des Ankömmlings achtete er nicht. Schließlich blieb er stehen, sah ihn flüchtig an und sagte: „Vielleicht ist es aber wahr." Der Gelehrte nahm vergebens all sein Selbstgefühl zusammen – ihm schlotterten die Knie, so furchtbar war der Zaddik anzusehen, so furchtbar sein schlichter Spruch zu hören.

Rabbi Levi Jizchak aber wandte sich ihm nun völlig zu und sprach ihn gelassen an: „Mein Sohn, die Großen der Thora, mit denen du gestritten hast, haben ihre Worte an dich verschwendet, du hast, als du gingst, darüber gelacht. Sie haben dir Gott und sein Reich nicht auf den Tisch legen können, und auch ich kann es nicht. Aber, mein Sohn, bedenke, vielleicht ist es wahr."

Der Aufklärer bot seine innerste Kraft zur Entgegnung auf; aber dieses furchtbare „Vielleicht", das ihm da Mal um Mal entgegenscholl, brach seinen Widerstand.

(Martin Buber)

Ich suche allerlanden eine Stadt

Ich suche allerlanden eine Stadt,
die einen Engel vor der Pforte hat.

Ich trage seinen großen Flügel
gebrochen schwer am Schulterblatt
und in der Stirne seinen Stern als Siegel.

Und wandle immer in der Nacht ...
ich habe Liebe in die Welt gebracht –
dass blau zu blühen jedes Herz vermag.

Und hab ein Leben müde mich gewacht,
in Gott gehüllt den dunklen Atemschlag.

Gott, schließ um uns deinen Mantel fest;
ich weiß, ich bin im Kugelglas der Rest,
und wenn der letzte Mensch die Welt vergießt,
Du mich nicht wieder aus der Allmacht lässt
und sich ein neuer Erdball um mich schließt.

(Elsa Lasker-Schüler)

Ich begreife nicht

Ich begreife nicht
was geschehen ist,
und ich kann nicht glauben,
dass Du, Gott, diesen Tod gewollt hast,

Ist das etwa Deine Liebe
mit der Du die Deinen umgibst?!

Lass mich Dich erkennen,
gerade jetzt in diesen schweren Stunden.

Mildere meinen Schmerz,
banne meine Verzweiflung
und gib Atem für meine Seele.

Dir vertraue ich mich an,
weil ich obwohl restlos am Ende darauf hoffe,
dass Du, Gott, dereinst jedwede Träne abwischen wirst.

Hilf mir loszulassen,
auch wenn ich dem Tod nichts entgegenhalten kann
als einzig diese Hoffnung.

Welches ist der Sinn unseres Lebens?

Ist es denn überhaupt sinnvoll diese Frage zu stellen? Albert Einstein soll einmal gesagt haben, eine Antwort auf diese Frage zu wissen, hieße religiös zu sein. Andererseits ist es kaum möglich ohne Antwort auf diese Frage zu leben, wenn man das eigene wie das Leben der Mitmenschen für sinnlos empfindet.

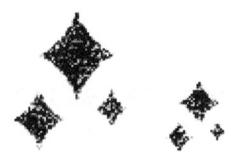

Geh deinen Weg!

Lass dich lieber festnageln,
als dass du unverbindlich bleibst.

Lass dich lieber aufs Kreuz legen,
als dass du das Lied der Meute singst.

Lass dich lieber begraben,
wegschaffen aus der Öffentlichkeit,
als dass du wie eine Marionette weiterlebst.

Geh deinen Weg weiter und sei dir sicher,
deine lieben Mitmenschen werden dich nicht
aus den Augen lassen.

Wo bist du jetzt?

Nachdem wir alles getan haben, was man so tut, wenn einer für immer diese Welt verlassen hat, kommt allmählich der Alltag zurück, aber er ist ganz anders als bisher. Denn immer hörbarer steigen Fragen auf, die umso dichter sind, je mehr uns der Verstorbene bedeutet hat.

Wo bist du jetzt?

Sicher, dein Körper hat schon mit der Zersetzung begonnen und nichts wird davon übrig bleiben, aber was ist mit dir, der du mehr warst als nur Haut und Knochen, nicht nur Körper, sondern auch ‚Seele', wie wir das bezeichnen, was wir für unsterblich halten.

Wo bist du jetzt?

Hast du Licht gesehen am Ende des dunklen Todestunnels? War da jemand, der dich empfangen hat? Gar einer, der dich beim Namen gerufen hat? Und bist du denen entgegen gegangen, die vor dir gestorben sind?

Wo bist du jetzt?

„Ich glaube an die Auferstehung der Toten und das ewige Leben", das sagt man so oft und es sagt sich so leicht, aber wie darf ich mir dieses ‚ewige Leben' vorstellen? Bist du in den ‚himmlischen Wohnungen' angekommen, wie es heißt, und hast du ein Gericht bestehen müssen?

Wo bist du jetzt?

Ich habe so viele Fragen und finde so wenige Antworten. Am bedrängensten ist die Frage, ob ich dich wiedersehen werde? Mit wäre das so unendlich wichtig!

Oh, wenn du mir doch bloß ein Zeichen geben könntest!

Er öffnet dir die Augen

Jetzt hat dich der Tod herausgeholt
aus dem Kreis der Menschen
mit denen du gelebt hast,
und unser Gott erwartet dich.

Mit starken Armen hilft Er dir
beim Übergang ins ewige Leben.

Er führt dich durch das dunkle Tor des Todes
dorthin, wo du auf ewig Ruhe und Frieden findest.

Denn Gott erlöst dich von deinen Ängsten und Sorgen,
Er vergibt dir deine Schuld
und Er heilt alle Wunden.

Dann öffnet Er dir die Augen
für all das Überwältigende,
das Er den Seinen zu geben versprochen hat.

So wirst du glücklich sein auf ewig,
mit Ihm zusammen
und mit denen, die bereits gestorben sind.

Kein Gott der Toten

Du bist kein Gott der Toten,
bei Dir leben alle, die schon gestorben sind.

Vor Dir gedenke ich derer, die ich geliebt habe,
derer, die einen Platz in meinem Herzen behalten.

Vor meinem Auge ziehen auch jene vorüber,
die in irgendeiner Weise
eine Rolle gespielt haben in meinem Leben.

Solche, denen ich Unrecht getan habe,
solche, denen ich etwas schuldig geblieben bin,
solche, die mir das Leben schwer gemacht haben
und viele, deren Namen ich nicht einmal mehr genau weiß.

Dass alle in Deiner Hand gehalten sind, guter Gott,
das glaube und hoffe ich für sie und für mich.

Dass Du vergelten mögest, was zu lohnen ist
und auffüllst, was an Lücken zu schließen ist,
das erhoffe ich für sie und für mich.

Dass Du alles Trennende beseitigen,
alle Fehler verzeihen
und ewigen Frieden schenken kannst,
das erbitte ich, das erhoffe und glaube ich
für sie und für mich.

Sei mit Deiner Lebenskraft bei unseren Toten,
und führe auch mich mit Deiner Lebenskraft
zum Wiedersehen mit ihnen,
bei Dir, dem Gott der Lebenden.

Auf der anderen Seite

Ich bin nur auf die andere Seite gegangen.
Was wir füreinander gewesen sind,
das geht auf ewig nicht verloren.

Sprich mit mir, wie du es auch früher getan hast.
Denke an das, was wir alles miteinander erlebt haben.
Denke so an mich und lass nichts weg.

Lass meinen Namen weiterhin bei dir zu Hause sein,
mit möglichst wenig Schatten und bitte nicht mit Tränen.

Das Leben ist nicht mehr wie es war,
aber ich gehöre weiterhin dazu,
auch wenn ich auf die andre Seite gegangen bin.

Ich möchte nicht außerhalb deiner Gedanken sein,
nur weil ich dein Blickfeld verlassen habe.

Ich bin gar nicht so weit weg
und wir beide wissen, dass du mir folgen wirst.

Du siehst, es ist nicht mehr wie es war
aber es wird alles gut.

Du wirst mich wiederfinden,
da wo alle Tränen getrocknet werden.

Die leeren Hände

Ein Mensch erschien am Ende seiner Tage vor dem göttlichen Richter und sagte selbstsicher: Herr, ich habe dein Gesetz immer eingehalten und ich habe nichts Unrechtes, Böses oder Frevelhaftes getan. Du siehst also, Gott, meine Hände sind rein." Und Gott antwortet: „Ohne Zweifel, deine Hände sind rein, aber sie sind leer."

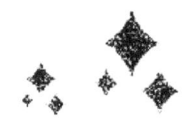

Das himmlische Geld

Weil ein sehr reicher Mann auch im Sterben nur an das dachte, was ihn ein Leben lang beschäftigte hatte, nämlich an sein Geld, ließ er sich einen großen Sack davon in seinen Sarg legen.

Als er dann am reichlich gedeckten Himmelsbuffet vorsichtig nach den Preisen der einzelnen Speisen fragte, hieß es jedes Mal "eine Kopecke". Da war er sehr froh, das war unendlich wenig, sein mitgebrachtes Geld dagegen unendlich viel – und so belud er sein Tablett mit den köstlichsten Speisen.

An der Kasse aber verweigerte der Engel die Annahme der mitgebrachten Münzen. "Du hast im Leben nichts gelernt", sagte der Engel zum Reichen, "wir nehmen hier nicht das Geld, das du angespart hast, sondern nur jenes, das du verschenkt hast".

Zahlreich sind die Tode...

Zahlreich sind die Tode,
die in unser Leben eingelassen sind.
Vielfältig sind ihre Spuren in dieser Welt
und die Narben,
die sie in unserer Seele hinterlassen.

Du, Gott, bist stärker als alle Tode,
die dieses Leben
und manches Mal auch liebe Menschen
uns erleiden lassen.

Stärke in mir die Gewissheit,
dass Du, Gott, das Leben willst,
dass durch Dich das Leben stärker ist
als die vielen Tode
und dass Du es bist,
der hier und heute,
täglich neu
und dereinst auf ewig mich ins Leben ruft.

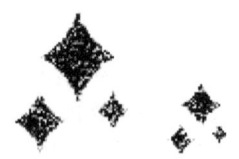

Lebenshungrig

Michelangelo sagte einst zu einer Gräfin: „Ich bin 86 Jahre alt und hoffe, bald von Gott heimgerufen zu werden." Die Gräfin fragte ihn: „Sind sie lebensmüde?" Der große Künstler entgegnete: „Nein, lebenshungrig!"

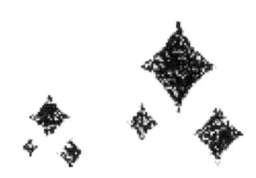

Gibt es eine Auferstehung?

Eine Dame soll einmal den französischen Philosophen Voltaire gefragt haben wieso es seiner Meinung nach überhaupt Menschen geben kann, die an eine Auferstehung glauben.

Voltaire der für seine kritische Distanz zur christlichen Botschaft bekannt war, überraschte die Dame, die wohl die Dummheit der Menschen angeprangert haben wollte, mit einer von ihm völlig unerwarteten Antwort. Voltaire soll sinngemäß geantwortet haben, dass der, der den Menschen dereinst erschaffen hat, ohne Zweifel die Macht hat ihn ein zweites Mal zu erschaffen.

Zu wem könnten wir gehen?

Zu wem könnten wir gehen,
wenn nicht zu Dir?
In einer Welt,
bestimmt vom Werden und Vergehen,
bist Du unsre einzige Hoffnung.

Von Anfang an bist Du
und nichts ist ohne Deinen Willen.
Du führst uns bis zum Tod
Und Du rufst uns wieder aus dem Tod.

Vor Dir, Herr, bedenken wir unser Leben,
denn rasch geht es dahin.
Die Dauer ist ohne Belang
und keiner kann sie verändern.

Doch jeden Tag zu gestalten
und jede Tat zu verantworten
vor Dir, unserem Schöpfer,
das ist uns aufgetragen.

Mache kurz die Zeit unserer Trauer,
und lass dankbare Erinnerung wachsen.
Lass uns unsre Tage zählen,
damit wir ein weises Herz gewinnen.

Wende Dich uns zu, Du guter Gott,
und lass das Werk unserer Hände gelingen.
Bleibe bei uns, bis ans Ende unsrer Tage
und segne, was wir zu tun beginnen,
ja, segne unser Leben, Herr.

(in Anlehnung an Psalm 90)

Unsterblichkeit

Der Prophet Salomo klagte einst über die Kürze des menschlichen Lebens. „Was hilft mir meine große Weisheit", sprach er, „da mir nicht vergönnt ist die Früchte derselben zu genießen? Der größte Teil meiner Tage ist verflossen, ehe ich klug ward; und nun, da ich anfangen will, meine Erfahrungen zu nützen, stehe ich schon am Rande des Grabes. So sprach er und trauerte, als er seine Augen aufhob und einen Engel mit einem saphirnen Gefäß in der Hand vom Himmel niedersteigen sah.

„Salomo", sprach der Diener der Macht, „ich komme vom Thron des Ewigen. Er hat deine Klage gehört und mich gesandt, dir das Wasser des Lebens zu bringen. Wenn du aus diesem Gefäß trinkst, so wirst du unsterblich werden und eine ewige Jugend genießen; trinkst du aber nicht daraus, so gehst du, wenn deine Stunde gekommen, den Weg allen Fleisches. Der Ewige hat die Wahl in deine Hand gelegt; tue, was dir gefällt."

Der Engel setzte das Gefäß vor den Füßen des Propheten nieder und verschwand. Salomo war ungewiss, was er tun sollte. Er versammelte seine Wesire und fragte sie um Rat. Sie rieten ihm einstimmig zur Unsterblichkeit. Doch der weiße Butimar antwortete: „Großer König, ist dieses Wasser des Lebens für dich allein bestimmt, oder kannst du auch andere davon trinken lassen?"

„Der Höchste", sprach Salomo, „hat nur mir allein diese Gunst erzeigt." „Wenn das ist", erwiderte der Wesir, „so werden deine Kinder, deine Freunde, deine liebsten Gemahlinnen nach und nach sterben. Wie ein Baum, den man jährlich seiner schönsten Früchte beraubt, wirst du jedes Jahr, wirst du jede Woche, jeden Tag einen von den Lieblingen deines Herzens verlieren und klagen. Was für Reize kann eine Unsterblichkeit haben, derer Los eine unaufhörliche Trauer ist? Wenn nicht alles, was du liebst, mit dir unsterblich wird, so ist Unsterblichkeit eine ewige Qual."

(morgenländische Erzählung)

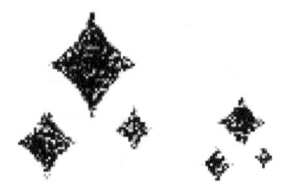

Angstfrei

Angstfrei kann ich leben,

weil ich mir sicher bin

einen barmherzigen Vater

im Rücken zu haben,

obwohl ich so armselig bin.

Mein Glaubensbekenntnis

Ich glaube an den menschenfreundlichen Gott,
den Jesus mit seinem Leben bezeugt hat.

Ich glaube an einen unbeschreiblich großen Gott,
bei dem das Leben seinen Ursprung und sein Ziel hat,
der mir zugleich unvergleichlich nahe ist
und der sich jedem als der ‚ich bin für dich da' offenbart,
der sich ihm zuwendet
mit aller Kraft des Herzens und des Verstandes.

Ich glaube an einen guten Gott,
der unendlich viel Zutrauen in mich setzt,
mein Leben und das Stück Welt,
das ich beeinflussen kann,
aus eigenem Antrieb
und mit Seiner Hilfe
zum Besseren zu gestalten.

Ich glaube, dass Er es ist,
der mich dabei immer wieder treibt,
das eigene Zögern und Zaudern zu überwinden,
Enttäuschungen und Rückschläge wegzustecken,
weiterzugehen und nicht aufzugeben,
um Gutes zu bewirken
und Böses zu bekämpfen.

Bei alldem,
so glaube ich,
hat Er über die Maßen Geduld mit mir
und gibt mir lebenslang Zeit,
um ewigkeitsreif zu werden.

Weil ich mich so von Ihm angenommen weiß
und weil ich glaube,
dass Er mich niemals aus Seiner Hand fallen lässt,
wenn ich ernsthaft bemüht bleibe um mein eigenes
und um das Leben der Menschen, mit denen ich lebe,
versuche ich auch dann an einen in Ihm verborgenen,
alles umgreifenden Sinn zu glauben,
wenn Unverstehbares und Schweres
mir den Lebenshimmel verdunkeln.

Weil ich auf Jesu Wort baue,
dass es nichts geben kann,
das durch Gottes unendliche Güte
nicht aufgefangen werden könnte,
gibt es in meinem persönlichen Denken
keine von Gott gefügten innerweltlichen Strafen,
kein Fegfeuer und keine Hölle.

Ich denke schon,
dass ich an der Schwelle zur Ewigkeit
mein Leben vor Ihm
in seinen Einzelheiten durchbuchstabieren muss
und dann wohl vieles erkennen werde,
was nur Er geradebiegen und wiederherrichten kann,
aber ich glaube fest daran,
dass Gott dies nicht nach Menschenart tun wird,
sondern mit göttlicher Gerechtigkeit.

So vertraue ich darauf,
dass mein Leben - trotz allem – nicht in die Irre geht
und dereinst einmünden darf in ein ‚Leben in Fülle',
zusammen mit denen, die vor und nach mir
den gleichen Weg gegangen sind.

Ja, das glaube ich!

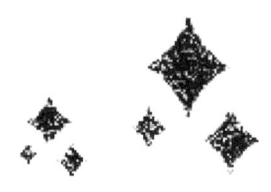

... und zuletzt ein kleines Postskriptum

Die hier vorgelegten Texte sind Teile einer sehr umfangreichen Textsammlung, die über mehrere Jahrzehnte entstanden ist, zum Teil immer wieder um- oder ganz neu formuliert, je nach den Erfordernissen in den zahllosen Begegnungen mit Menschen und Gruppierungen. Weil die Idee einer Veröffentlichung erst sehr viel später aufkam, war es im Nachhinein trotz intensiver Recherchen nicht möglich, bei jedem Text, der nicht aus meiner Feder stammt, die Quelle zu benennen. Dafür bitte ich um Verständnis. Sollte der/die Leser/-in hier nicht aufgeführte Quellen kennen, nehme ich entsprechende Hinweise gerne entgegen.

Ganz am Schluss will ich auch denen danken, die in der Zusammenarbeit mit mir, in der Pastoral, auf Tagungen und religiösen Wochenenden Anlass für die Formulierung zahlreicher Texte gewesen sind und die durch ihr Feedback meiner Arbeit die nötige Schubkraft gaben bis heute diese Spuren weiter zu gehen.

Danken möchte ich aber auch denen, die bei der Veröffentlichung geholfen haben, namentlich und ganz besonders danke ich Salvatore Loiero, der meine Texte wie dieses Buchprojekt konstruktiv begleitet und kritisch hinterfragt hat.

Quellenverzeichnis

Augustinus, in: https://www.aphorismen.de

Buber Martin: Die Erzählungen des Chassidim, Manesse Verlag, Zürich 1949.

Fischer, Klaus P.: Zufall oder Fügung, Adlerstein Verlag 2011.

Gutl, Martin und Dirnbeck, Josef: Ich begann zu beten. Texte für Meditation und Gottesdienst, Verlag Styria, Graz, 1976.

Hüsch, Hanns Dieter und Contze, Conrad: Mein Herz schlägt ungemein, macht Sprünge, tvd-Verlag, Düsseldorf 2007.

ders. und Seidel, Uwe: Ich stehe unter Gottes Schutz. Psalmen für Alletage, tvd-Verlag, Düsseldorf 2005.

King, Martin Luther in: Klaus P. Fischer, Zufall oder Fügung? Von der Begegnung mit dem Unberechenbaren, Adlerstein Verlag 2011.

Laotse: https://www.aphorismen.de

Lasker-Schüler, Elke: Die Kuppel. Der Gedichte zweiter Teil, Berlin 1920.

Mbiti, John in: miriam-stiftung, Gedanken für den Tag 09.03.2017 aus „Eine gute Minute"

Meister Eckhart: Mystische Schriften. Übertragen von Gustav Landauer, Karl Schnabel, Verlin 1903.

Rinser, Luise: Mitte des Lebens, Fischer Verlag, Frankfurt 1950.

Rückert, Friedrich: Kindertodtenlieder aus seinem Nachlasse, Frankfurt 1872.

Schillebeeckx, Edward in: Edward Schillebeeckx, Huub Oosterhuis, Piet Hoogeveen, Gott ist jeden Tag neu. Ein Gespräch. Aus dem Niederländischen übersetzt von Heinrich A. Mertens © Matthias-Grünewald Verlag, Mainz 1984.

Schwemmer, Marius, Kleines kirchenmusikalisches Kompendium Marburg 2006.

Willms, Wilhelm, mit gott im spiel. Sprachspuren des kirchenjahres ©1982 Verlag Butzon & Bercker GmbH, Kevelaer, S.157, www.bube.de

Zeitfracht Medien GmbH
Ferdinand-Jühlke-Straße 7
99095 Erfurt, Deutschland
produktsicherheit@kolibri360.de